Don Tonino Bello

IL VANGELO DEL CORAGGIO

Don Tonino Bello

IL VANGELO DEL CORAGGIO

Riflessioni sull'impegno cristiano nel servizio sociale e nella politica

SAN PAOLO

Edizione promossa dalla
Fondazione Don Tonino Bello

Coordinamento editoriale e titolazione
di *Lamberto Schiatti*

Piazza Soncino, 5 - 20092 Cinisello Balsamo (Milano)
Distribuzione: Diffusione San Paolo s.r.l.
Corso Regina Margherita, 2 - 10153 Torino

PRESENTAZIONE

DIRE SÌ AL FUTURO SENZA SCORCIATOIE

Non si può continuare a tacere mentre la città brucia

«Amici operatori sociali e politici, non vi scoraggiate. Chiedete al Cielo il dono di una genialità nuova che vi metta in grado di esprimere, su scenari politici più giusti, il vissuto e le ansie dell'uomo contemporaneo, alle soglie del terzo millennio. E non lasciatevi cadere le braccia quando, — nonostante il vostro impegno personale improntato a trasparenza e a rettitudine, — vi vedete destinatari di sospetti da parte di chi, non comprendendo la vostra fatica, spara nel mucchio con raffiche ingenerose di luoghi comuni. Non demordete: la coerenza paga, anche se con qualche ritardo. Paga anche l'onestà. E la speranza non delude!».

Don Tonino Bello (1935-1993), vescovo di Molfetta e presidente di Pax Christi, «utopista illuminato ma con i piedi per terra», prosegue in questa raccolta antologica le sue «prediche ai cristiani impegnati nel sociale e in politica», iniziate nel volume gemello *Vegliare nella notte* (Ed. San Paolo, 1995). Anche queste pagine, dedicate ai temi della giustizia, della trasparenza, dell'impegno, della coerenza, della solidarietà, sono tratte dall'archivio privato che il «vescovo del grembiule» alimentava e aggiornava sul computer con puntuale regolarità. I testi più significativi li aveva già raccolti lui stesso in dossier dal titolo esplicito: *Le mie notti insonni - Incontri con gli operatori politici - La speranza a caro prezzo*. Si tratta di scritti occasionali (molti sono apparsi sul settimanale diocesano *Luce e Vita*), ma conservano una straordinaria attualità. In altri volumi sono raccolti testi sulla pace, la solidarietà, l'impegno di servire nella Chiesa.

Costituzionalmente negato alla retorica del paternalismo moralistico, Don Tonino non si atteggia a ideologo sociopolitico. «Mite discepolo del Maestro mite», autentico pastore delle anime, rilegge semplicemente il Vangelo per evidenziare nell' «arte nobile e difficile» che è la politica «una maniera esigente di vivere l'impegno cristiano a servizio degli altri» (Paolo VI). Non si limita alle ovvie condanne del malcostume, ma denuncia la confusione tra sviluppo e progresso, tra bene comune e bizantinismi di schieramento, tra giustizia e privilegi, tra diritti calpestati e gioco delle concessioni, tra difesa dei principi e offesa dell'uomo concreto; denuncia «il sottobosco degli intrallazzi, i recinti delle manovre occulte e delle trame nere, le malignità dei sorpassi clandestini ai danni del prossimo... denuncia gli equivoci di un potere che crea dipendenze, pericolose manie del prestigio, se non proprio del dominio, e sacrileghe mentalità da demiurghi». E addita le vie del coraggio cristiano per superare le sabbie mobili dell'abitudine e della mediocrità, per ritrovare la voglia di camminare, nonostante tutto.

Il suo è il gergo franco del profeta che non vuole imporre la sua verità ma la verità del Vangelo. Assume normalmente il tono semplice del colloquio fraterno, a volte quello accorato della supplica e della compassione, a volte quello fermo della protesta, a volte persino il tono amaro del sarcasmo, come quando si rivolge ai «dotti latitanti dell'agorà», o ai politici «chiusi nell'alterigia aristocratica della loro funzione, trincerati nei palazzi del potere e nascosti dietro le scrivanie delle procedure burocratiche che mascherano semplicemente il loro egoismo e i loro inconfessati istinti di dominio».

L'impegno sociopolitico come vocazione

Quello dell'operatore sociale e del politico è un mestiere difficile, cristianamente molto impegnativo, problematico, una scelta coraggiosa, una vera vocazione. «Non solo perché richiede la coscienza dell'autonomia della politica da ogni ipoteca confessionale e il riconoscimento della sua laicità; ma anche perché deve evitare la tentazione, sempre in agguato, dell'integralismo: diversamente si ridurrebbe il messaggio cristiano a una ideologia sociale. Penso pertanto che il credente, oggi più che mai, debba accettare il rischio della carità politica, sottoposta per sua natura alla lacerazione delle scelte difficili, alla fatica delle decisioni non da tutti comprese, al disturbo delle contraddizioni e delle conflittualità sistematiche, al margine sempre più largo dell'errore costantemente in agguato».

In pratica, sottolinea con la sua abituale chiarezza Don Tonino, «il cristiano che imbocca la Gerusalemme-Gerico (dell'impegno sociale) non disdegna di sporcarsi le mani; non passa oltre per paura di contaminarsi; non si prende i fatti suoi; non si rifugia nei suoi affari privati; non tira diritto per raggiungere il focolare domestico, o l'amore rassicurante della sposa, o la mistica solennità della sinagoga... Di qui, la necessità inderogabile che l'impegno politico-sociale sia affidato a gente che non si estenua nel sottobosco degli intrallazzi... Di qui, l'assoluto bisogno che chi si assume l'impegno politico guardi lontano, al di là degli steccati strapaesani, per additare in termini planetari i focolai da cui partono le ingiustizie, le guerre, le oppressioni, le violazioni dei diritti umani. Di qui, la capacità di discernimento e di conversione che deve caratterizzare l'uomo impegnato in politica. Discernimento dei segni dei tempi, intuizione delle grandi utopie che irrompono nell'oggi e diventano già carne e sangue».

«Purtroppo, il dramma dell'assuefazione all'esilio minaccia anche noi cristiani. Ci stiamo adattando alla mediocrità. Accettiamo senza reagire gli orizzonti dei bassi profili. Viviamo in simbiosi con la rassegnazione. Ci vengono meno le grandi passioni. Lo scetticismo prevale sulla speranza, l'apatia sullo stupore, l'immobilismo sull'estasi. La nostra religiosità incolore si stempera in gesti stereotipi, in atteggiamenti etici senza entusiasmo, in pratiche rituali che hanno il sapore delle minestre riscaldate nelle pentole d'Egitto. Più che essere schiavi dell'abitudine, abbiamo contratto l'abitudine della schiavitù».

Il Vangelo, secondo Don Tonino, richiede impegno deciso e audaci prospettive di bontà: non si tratta tanto di fare *delle cose*, ma di fare *delle scelte*. E radicali, per giunta. Non *altro*, ma *oltre*. Si tratta di trovare nuove convergenze tra ideali ed esigenze concrete, tra il credere e l'operare, si tratta di «portare la veste battesimale nei quartieri e la tuta da lavoro in chiesa. Un politico, che disdegni la *prossimità* e si chiuda nell'alterigia aristocratica della sua funzione, non è degno di questo nome. Il politico vero, come il buon Samaritano, ha misericordia del popolo e gli si fa vicino per restituirgli la *mezza vita* che gli hanno tolta e non per aggiungergli la *mezza morte* che gli manca e stenderlo definitivamente».

Impegnarsi nel sociale e nel politico con il Vangelo in mano «significa liberare l'uomo dall'intrigo della miseria, dalle grinfie rapaci del potere, dalle seduzioni del falso benessere. ... Significa contemplare la vita dalle postazioni prospettiche del regno di Dio. Assumere la logica del Signore nel giudicare le vicende della storia. Allargare gli orizzonti fino agli estremi confini della terra. Non lasciarsi sedurre dall'effimero, né intristire dalla banalità del quotidiano. Introdurre nei propri criteri di valutazione la misura dei tempi lunghi. Significa non comprimersi per i sussurri del pettegolezzo da cortile, o per le grida dello scandalo farisaico, o per l'avvilimento improvviso di un'immagine puntigliosamente curata. Superare la freddezza di un diritto senza carità, di un sillogismo senza fantasia, di un calcolo senza passione, di un *logos* senza *sophìa*».

Don Tonino Bello, vescovo degli ultimi schierato sempre dalla parte degli ultimi, non si accoda all'isterica rabbia delle rivoluzioni gridate, che invece di risolvere i problemi normalmente ne creano di nuovi. Con chiarezza introduce nel difficile campo dei rapporti sociali il seme evangelico della bontà, della disponibilità, del rispetto vero, dell'amore intelligente e creativo.

«La *compassione del cuore* nel politico deve diventare anche *compassione del cervello*. È necessario che egli ami prevedendo i bisogni futuri, pronosticando le urgenze di domani, intuendo i venti in arrivo, giocando d'anticipo sulle emergenze collettive... I toni di crociata oggi fanno ridere. Così pure, certi facili moralismi. Ma non fa certamente ridere l'allusione a due grossi impegni di cui tutti insieme dobbiamo farci carico. Anzitutto, *batterci sul versante della prevenzione*, iniettando nell'anemico metabolismo sociale siringhe di valori. Se il tempo che spendiamo per riparare i guasti lo impegnassimo per evitarli, ci sarebbe anche un dispendio minore di energie. E poi *alimentare la speranza*. Che non è esercizio ingenuo di caparbietà. Ma certezza che cambiare è possibile e che, se il vento dello Spirito soffierà sul fuoco della solidarietà degli uomini, «*il lamento si muterà in danza, e la veste di sacco in abito di gioia*» (cfr. Sal 30,12).

È di notte che è più bello attendere la luce

Ai fuochi fatui delle programmazioni elaborate allo spasimo — elencare tante cose *che si potrebbero fare*, in modo che non si possano fare — Don Tonino oppone la concretezza del Vangelo: «Va' e fa' anche tu...» (Lc 10,37), ispirandosi a una preghiera che trovò scritta su un poster senza importanza: «Signore, concedici la serenità di accettare le cose che non possiamo cambiare, il coraggio di cambiare quelle che possiamo cambiare, e la saggezza di distinguere la differenza».

Il vero esilio di Israele in Egitto, — secondo il detto di un rabbino — fu che gli Ebrei impararono a sopportarlo. Alle soglie del terzo millennio è possibile risvegliare *il Vangelo del coraggio*: per non adattarsi alla mediocrità, per ritrovare la voglia di camminare, di impegnarsi davvero, nonostante tutto: «La speranza è in agguato. Anche se è buio intorno. Non tiratevi indietro, anche se avete la percezione di camminare nelle tenebre: *È di notte che è più bello attendere la luce* — cantava Rostand: — *Bisogna forzare l'aurora a nascere, credendoci*. Amici, forziamo l'aurora. È l'unica violenza che ci è consentita!».

L. S.

1.
UOMINI CAPACI DI MISERICORDIA

Attenti alla Bibbia e al giornale
Fedeli a Dio e fedeli all'uomo

La passione per il cielo e per la terra

Mi sembra molto giusto che anche quest'anno nell'anniversario del Natale, in cui noi ricordiamo l'apparizione della misericordia di Dio sulla terra, il vescovo convochi gli uomini della città impegnati sul versante sociale e politico, per formulare ad essi un augurio e consegnare un messaggio. Il messaggio, che è anche un augurio, è questo: «*Siate uomini capaci di misericordia*».

Per dirvi la più grande opera di misericordia che voi politici potete compiere — quella di rimanere fedeli a Dio e fedeli all'uomo, — desidero prendere l'avvio da una lettera che Dietrich Bonhoeffer, teologo luterano, scrisse nel campo di concentramento nazista il 20 gennaio 1944: «Dio e la sua eternità devono essere amati da noi pienamente. Ma questo amore non deve nuocere a un amore terrestre, né affievolirlo». Un anno dopo, all'alba del 9 aprile 1945, Bonhoeffer venne impiccato a Flossemburg. Nella sua cella trovarono la Bibbia e Goethe. Il massimo dei libri sacri e il massimo dei libri profani. Due simboli. L'uno, della passione per il cielo; l'altro, della passione per la terra.

Fedeltà a Dio e fedeltà all'uomo.

Già un altro teologo protestante, Karl Barth, aveva detto che il cristiano del ventesimo secolo si caratterizza per il fatto che sulla scrivania ha da una parte la Bibbia e dall'altra il giornale. E un grande politico, Giorgio La Pira, ripeteva che il cristiano deve pregare contemplando il mappamondo sul comodino.

Comprendete già che l'asse su cui voi politici potete esprimere il dovere della misericordia ha due poli: Dio, il cielo, la Bibbia da una parte; l'uomo, la terra, Goethe dall'altra. Per chi non crede in Dio potremmo dire: il senso globale delle cose, la visione metastorica, l'orizzonte complessivo da una parte; la concretezza, il mappamondo, il giornale dall'altra.

Chi non fa sintesi partendo da questi due punti di fuga, non potrà essere «uomo di misericordia». Chi, invece che oscillare sistematicamente tra queste due polarità, si cristallizza su una di esse, credente o non credente, tutto può fare meno che il politico. Se afferma di credere solo in Dio, sarà un fanatico, un despota, un assolutista intransigente che fa abuso ideologico di Dio a scopo strumentale. Se afferma di credere solo nell'uomo, sarà un intrigante, un maneggione impastato di squallido pragmatismo, un faccendiere di piccolo cabotaggio.

Di qui già scaturisce tutta una galassia di interrogativi su cui ognuno di voi può misurare la sua attitudine alla misericordia. Misericordia che, occorre dirlo, nel linguaggio biblico non significa tanto pietà, quanto tenerezza, lealtà, bontà, cuore fedele, stile generoso, animo disponibile, comportamento disinteressato.

ESAME DI COSCIENZA PER I POLITICI

1. *Duplice dimensione cielo-terra*

— C'è nella mia esperienza di uomo impegnato nella vita politica la duplice dimensione del cielo e della terra? Dei valori immateriali e dei valori mondani? Degli orizzonti trascendenti e di quelli sensibili?

— Del celebre affresco del Raffaello conosciuto come *La scuola di Atene*, quale dei due personaggi mi affascina di più: Platone, i cui piedi sfiorano appena la terra e ha in una mano il libro del *Timeo* mentre con l'altra indica il cielo, o Aristotele ben piantato sul suolo e che in una mano stringe il libro dell'*Etica* mentre con l'altro indica la terra?

— Intuisco che il politico deve sintetizzare i due atteggiamenti di Aristotele e di Platone, e che la «misericordia» consiste nel penetrare nei cantieri della storia ma senza lasciarsi imprigionare nella rete delle cose?

— Nel mio dinamismo sono «chiuso tra le cose mortali», come dice Ungaretti nella poesia dal titolo emblematico *Dannazione*, o c'è il riferimento continuo a un Assoluto che può essere Dio, il Vangelo, o le grandi idealità della pace, della giustizia, della libertà?

2. *Bene comune e bizantinismi di schieramento*

— Questo riferimento all'Assoluto (sarà Dio o un'idealità, non importa) come si traduce nella prassi concreta della mia attività politica, perché io possa dirmi uomo capace di misericordia?

— So che tradisco l'uomo, oltre che Dio, quando le mie scelte non tengono conto del bene comune, ma hanno come principio assiologico supremo solo gli interessi personali o di gruppo?

— Capisco che significa avvilire i più elementari princìpi di etica sociale quando, per giochi di potere, per manovre di sistemazione, per calcolo di poltrone, per lottizzazione di egemonie, si lascia morire una comunità, si abbandonano al degrado umano i fratelli indifesi, si blocca la crescita della vita cittadina?

— Sono convinto che il popolo io sono chiamato a servirlo e non a convocarlo come spettatore per le mie esibizioni di culturismo, o per i miei interminabili tornei con gli avversari, o per le mie logorroiche sfide con rivali sempre cangianti, o per i bizantinismi di schieramento che si attardano sulle procedure e rinviano *sine die* i provvedimenti concreti?

— Comprendo che la perfidia più sfacciata è quella di far passare, agli occhi dei poveri, come battaglia di principio ciò che è semplicemente guerriglia subdola di interessi economici contrapposti e di spartizioni di dominio?

— Sono persuaso che talvolta, in caso di conflitto irreversibile di valori (tra il mio prestigio da una parte e il bene comune dall'altra) essere uomo capace di misericordia significa far prevalere il valore dominante, fino al punto di ritirarsi dalla mischia, se indugiare ancora nella contesa vuol dire perdere tempo inutilmente e arrestare la crescita della comunità?

— Sono del parere anch'io che, a volte, la difesa a oltranza dei principi reca offesa all'uomo concreto, e che, come ha scritto Bernanos, «perfino i princìpi morali, visti nella loro astrattezza, possono giungere a tale grado di falsificazione da rovinare il mondo»?

— *In conclusione:* nella mia attività politica di uomo «capace di misericordia» quanto pesa il cielo sulla terra, la Bibbia sul giornale, la trascendenza degli ideali sui meandri della storia, gli orizzonti complessivi sui cantieri della cronaca?

3. *Impegno oltre i «solitari» della cultura*

— Mi lascio prendere spesso dalla tentazione sottile di piantare tutto e ritirarmi a vita privata?

— Cedo di frequente alla lusinga di finirla una buona volta con le cariche pubbliche, con le riunioni di sindacati, le responsabilità di partito, le assemblee di categoria... e ritirarmi nell'alveo gratificante degli affetti domestici, dei tepori casalinghi, delle ricerche intellettuali?

— Sogno il momento di smetterla con le partite defatiganti dei confronti con gli avversari, dei dibattiti politici, degli scontri elettorali... per ridurmi a giocare gli splendidi *solitari* della cultura per la cultura?

— Mi lascio sedurre talvolta dalla prospettiva di tradurre il mio impegno sociale, più che sul terreno infido della dialettica politica, su quello più sicuro e di resa più immediata della catechesi in parrocchia, dell'aiuto agli emarginati, della visita agli anziani, della vita di circolo?

— Riesco a capire che essere uomo capace di misericordia oggi significa accettare il rischio della carità politica, sottoposta per sua natura alla lacerazione delle scelte difficili, alla fatica delle decisioni non da tutti comprese, al disturbo delle contraddizioni e delle conflittualità sistematiche, al margine più largo dell'errore sempre in agguato?

— Comprendo che tenersi aggiornato (naturalmente, senza volontà di dominio) sulla *Gazzetta Ufficiale della Repubblica*, o seguire i meccanismi complessi della legislazione sociale, o stimolare l'applicazione della riforma sanitaria... sono opere di misericordia corporale e spirituale tra le più meritorie davanti agli occhi di Dio e della storia?

L'icona del Samaritano che si fa prossimo

A questo punto l'icona evangelica più limpida dell'uomo politico, che snoda la sua vita tra i due riferimenti essenziali del cielo e della terra, è quella del buon Samaritano. Egli scende da Gerusalemme, la città della contemplazione, del tempio, del rapporto con l'Assoluto, e va verso Gerico, la città della prassi, della concretezza periferica, della cronaca (nera, per di più).

S'imbatte nel malcapitato viandante che i malfattori, dopo averlo spogliato e percosso, hanno lasciato «mezzo morto» sul ciglio della strada. E, a differenza del sacerdote e del levita che «passano oltre», il Samaritano si ferma. «*Ne ebbe compassione*» dice il Vangelo di Luca (cfr. Lc 10,25-37).

Ecco l'immagine dell'uomo politico «capace di misericordia», che non disdegna di sporcarsi le mani, che non passa oltre per paura di contaminarsi, che non si prende i fatti suoi, che s'impiccia dei problemi altrui, che non si rifugia nei propri affari privati, che non tira dritto per raggiungere il focolare domestico o l'amore rassicurante della sposa o la mistica solennità della sinagoga.

«*Ne ebbe compassione*». E subito san Luca aggiunge un verbo splendido: «*gli si fece vicino*». Ecco il ruolo essenziale dell'uomo che esprime l'impegno politico-sociale sulla Gerusalemme-Gerico della vita. Farsi vicino. Accostarsi al popolo. Condividere l'esperienza dolorosa della gente.

Un politico, che disdegni la «prossimità» e si chiuda nell'alterigia aristocratica della sua funzione, non è degno di questo nome. Un uomo impegnato nel sociale, che si trinceri nei palazzi del potere o che si nasconda dietro le scrivanie delle procedure burocratiche, maschera semplicemente il suo egoismo e camuffa o la propria incapacità o l'assenza di misericordia o inconfessati istinti di dominio.

Il politico vero, come il buon Samaritano, ha misericordia del popolo e gli si fa vicino per restituirgli la «mezza vita» che gli hanno tolta e non per aggiungergli la «mezza morte» che gli manca e stenderlo definitivamente.

Nell'azione politica del buon Samaritano possiamo distinguere tre interventi. L'intervento dell'ora giusta, quello dell'ora dopo, e quello dell'ora prima. I primi due sono stati messi in atto. Il terzo intervento, no.

Il Samaritano dell'ora giusta

Mi spiego. L'intervento dell'ora giusta è quello praticato dal Samaritano che, fattosi vicino al pover'uomo, gli fasciò le ferite, versandovi olio e vino. È il gesto del pronto soccorso, dell'assistenza immediata, delle cure ambulatoriali.

È una dimensione che il politico non può trascurare, magari sotto il pretesto che a lui non spetta fare assistenzialismo e che gli compete, invece, interessarsi solo dei massimi sistemi.

Quante volte, con questa scusa di comodo, si lasciano incancrenire i problemi, si rimanda la disinfezione delle ferite procurate dagli apparati strutturali, si tollera la degenerazione di tutti gli *ictus* inferti dal sistema, si rimandano i provvedimenti relativi ai diritti primari di ogni essere umano (quali la casa, la salute, il sostentamento, l'istruzione), e si permette che i miserabili dormano alla stazione, i poveri marciscano in catapecchie malsane, gli anziani vivano come rottami nello squallore dei cronicari, e caterve di ragazzi evasori della scuola dell'obbligo ingrossino la turba delinquenziale che minaccia come una nube tossica le nostre città.

Il Samaritano dell'ora dopo

L'intervento dell'ora dopo è quello descritto da san Luca con una serie di verbi molto eloquenti: il Samaritano caricò il malcapitato sul suo giumento, lo portò a una locanda, si prese cura di lui, il giorno seguente (quindi passò la notte col ferito) diede due denari all'albergatore e lo pregò di farsi carico della situazione assicurandogli che tutte le spese gli sarebbero state rifuse al suo ritorno.

Non manca nulla a quello che potremmo chiamare «progetto globale di risanamento»; dall'impostazione della pratica alla verifica, dall'analisi iniziale al collaudo definitivo. È su questo versante che si esprime la cosiddetta «volontà politica» del Samaritano, che non si contenta dell'aiuto improvvisato su due piedi e forse anche un po' populista o, per lo meno, scenografico, ma va alla ricerca delle cure cliniche del caso, e toglie definitivamente quell'uomo dalla strada. Rimettendoci, per giunta: in tempo e in denari.

Questa è la vera carità politica, che analizza in profondità — scientificamente, diremmo oggi — le situazioni di malessere, apporta rimedi sostanziali sottratti alla fosforescenza del precariato, non fa delle sofferenze della gente l'occasione per gestire i bisogni a scopo strumentale di lucro o di potere, e paga di persona il prezzo salato di una solidarietà che diventa passione per l'uomo.

Che duri colpi vengono dalla misericordia del Samaritano sulla nostra mentalità clientelare, sulle architetture losche dei nostri tornaconti, sui vassallaggi dei nostri sistemi correntizi, sulle spartizioni oscene del denaro pubblico, sul fariseismo delle nostre intenzioni protese a fini reconditi di dominio!

Il Samaritano dell'ora prima

C'è infine l'intervento dell'ora prima, non registrato dal Vangelo, ma che è lecito ipotizzare in questi termini: se il Samaritano fosse giunto un'ora prima sulla strada, forse l'aggressione non sarebbe stata consumata.

Io penso che la misericordia, cioè la *compassione del cuore*, nel politico deve diventare anche *compassione del cervello*. E allora è necessario che egli ami prevedendo i bisogni futuri, pronosticando le urgenze di domani, intuendo i venti in arrivo, giocando d'anticipo sulle emergenze collettive, utilizzando il tempo, che ordinariamente spreca nel riparare i danni, a trovare il sistema per prevenirli.

Di qui, la necessità inderogabile che l'impegno politico-sociale sia affidato a gente che non si estenua nel sottobosco degli intrallazzi, nel recinto delle manovre occulte, nel chiuso delle trame nere, nella malignità dei sorpassi clandestini, nelle esercitazioni delle stroncature demolitrici ai danni del prossimo.

Di qui, l'assoluto bisogno che chi si assume l'impegno politico guardi lontano, al di là degli steccati strapaesani, per additare in termini planetari i focolai da cui partono le ingiustizie, le guerre, le oppressioni, le violazioni dei diritti umani.

Di qui, la capacità di discernimento e di conversione che deve caratterizzare l'uomo impegnato in politica. Discernimento dei segni dei tempi, intuizione delle grandi utopie che irrompono nell'oggi e diventano già carne e sangue.

Conversione, che deve farvi ribaltare copernicamente la visione egoista che avete del vostro mestiere. Fino a farvi diventare «mistici, o artisti, o bambini», per dirla con Gioacchino da Fiore, il quale affermava che il futuro sarà guidato da queste categorie di persone.

La speranza è in agguato

Coraggio, miei cari amici. Il Natale vi dia la percezione del compito straordinario a cui state assolvendo, quale che sia la vostra estrazione ideologica e culturale.

«La politica — diceva La Pira — è l'attività religiosa più alta dopo quella dell'unione intima con Dio. Perché è la guida dei popoli, una responsabilità immensa, un severissimo servizio».

Non scoraggiatevi. Anche se è buio intorno. Non tiratevi indietro, anche se avete la percezione di camminare nelle tenebre. Rostand cantava:

> «C'est la nuit qu'il est beau
> d'attendre la lumière;
> il faut forcer l'aurore
> à naître, en y croyant».
>
> «È di notte che è più bello
> attendere la luce.
> Bisogna forzare l'aurora
> a nascere, credendoci».
>
> Amici, forziamo l'aurora.
> È l'unica violenza che ci è consentita!

(Natale 1986)

2.

LO SVILUPPO NON PASSA PER LA VIA DELLE ARMI

«Questa già povera terra chiede trattori e non carri armati, granai e non arsenali, sviluppo e non armi»

L'obbligo di esprimere una preoccupazione

Non è nostro compito entrare nei complessi problemi della storia con dichiarazioni ideologiche, con formule programmatiche, o con schieramenti di parte. Nei grandi discorsi politici noi pastori abbiamo diritto di accesso solo per annunciare la speranza.

Ma se annunciare la speranza significa anche giudicare gli avvenimenti alla luce della Parola di Dio, e non semplicemente avallarli alla fioca lanterna dei calcoli umani, in questo momento ci incombe l'obbligo di esprimere, se non un giudizio, almeno la *preoccupazione per come, sul nostro territorio, stanno andando le cose in fatto di pace.*

Non vogliamo creare allarmismi calcando la mano sul *traffico di armi e di droga*, per il quale recentemente i nostri porti pugliesi sono balzati all'attenzione nazionale con un perverso protagonismo.

Non vogliamo turbare più che tanto la serenità di qualcuno alludendo alla *produzione di materiale bellico,* a cui non sembra estranea anche la nostra Terra di Bari.

Non intendiamo seminare inquietudini richiamando la coscienza sull'infittirsi, qui da noi, di segnali così ambigui, da confermare il sospetto che si voglia fare della *Puglia un avamposto militare.*

Ma saremmo pastori sonnolenti, oltre che cittadini distratti, se tacessimo di fronte alla *prospettiva*, tutt'altro che ipotetica, *che oltre diecimila ettari della nostra Murgia vengano sottratti ai contadini per essere utilizzati a megapoligoni di tiro.*

A questo punto il silenzio sulle nostre labbra non sarebbe più compatibile né con la Parola di Dio, che, invitandoci a rimettere la spada nel fodero, condanna perfino i simboli della violenza, né con il grido del popolo, che per *questa già povera terra chiede trattori e non carri armati, granai e non arsenali, sviluppo e non armi.*

Sul Vangelo non è lecito fare sconti

Sia ben chiaro che a provocarci disagio interiore è la logica della corsa agli armamenti in se stessa, non la sua collocazione geografica: il trasferimento di questa logica dalla nostra regione non allontanerebbe di molto le nostre preoccupazioni. E a legittimare il nostro intervento è lo stesso Vangelo con la sua inequivocabile parola di nonviolenza, sulla quale non ci è più lecito fare operazioni di sconto, neppure per attenuare lo scandalo di averla scoperta troppo tardi.

Ma se è lecito rafforzare queste istanze di fede con la particolare situazione del nostro territorio, non possiamo non fare riferimento ai problemi di una crescita che, nonostante lo sforzo generoso dei responsabili politici, ancora non decolla e, soprattutto, al dramma di una disoccupazione che inquina, con le sue nefaste conseguenze, la stessa qualità della vita. Non è un caso che la droga e l'aborto, oltre alla disoccupazione, accusino qui da noi indici che scavalcano di gran lunga i normali livelli di guardia.

Di fronte all'incalzare di questi segnali negativi, dobbiamo riscoprire la vocazione di pace della nostra terra. Per cui, *se diciamo un no al poligono di tiro, è perché intendiamo pronunciare tre sì al cerchio della speranza.*

Diciamo sì al futuro ma senza scorciatoie

Il primo è *un sì al futuro* del nostro territorio.

Ci troviamo oggi davanti a un bivio.

O dirottare le potenzialità della nostra economia in attività connesse alla militarizzazione pesante: pericolosissima tentazione, soprattutto perché *il rischio di questa scelta ci viene monetizzato con gli adescamenti di un benessere fittizio.*

O impegnare con dignità, senza risparmio, e senza più complessi di subalternanza, tutte le nostre risorse umane per risolvere i problemi nodali di un lavoro da garantire a tutti, di una emigrazione di cui contenere l'emorragia, di un'agricoltura che stenta ad affermarsi, del turismo che fatica a imporsi, del degrado che minaccia i centri urbani, dello sviluppo delle aree interne che rimane ancora agli ormeggi, dell'inquinamento ambientale che dà motivo di crescente preoccupazione.

La prima è una scorciatoia che lusinga fin troppo perché noi pastori non abbiamo a indicarne le seduzioni antievangeliche.

Sì al presente per un'integrazione pacifica e operosa

Il secondo è *un sì al presente* della nostra Regione che oggi, come mai nella storia, è spiritualmente impegnata a costruire un grande processo di raccordo tra le molteplici culture e le diverse religioni dell'ecuméne.

Gli incontri con gli Ortodossi a Cassano, l'impegno della Facoltà Ecumenica di Bari, la recente visita di tutti i vescovi pugliesi al Patriarca di Costantinopoli, stanno a indicare il ruolo di primo piano che la nostra terra esprime nel disegnare lo scenario di più ampie convergenze spirituali.

Inoltre, l'integrazione pacifica e operosa di molti orientali nelle nostre città, lo sforzo compiuto dalle nostre comunità ecclesiali nell'accogliere i terzomondiali rispettandone le culture, sono segnali che hanno ormai un'irreversibile proiezione di solidarietà, che la militarizzazione del territorio arresterebbe delittuosamente.

Sarebbe splendido che la Regione, anche nelle componenti politiche e civili oltre che religiose, si coinvolgesse in questo cammino che va alla ricerca di risposte comuni da dare alle domande fondamentali di tutta l'umanità.

D'altra parte, non è questo il senso della lampada votiva accesa quest'anno dalla Puglia sulla tomba di Francesco d'Assisi?

Sì al passato della cooperazione e del dialogo

Il terzo è *un sì al passato*, che ci tramanda l'istintiva attitudine della nostra terra ai moduli della nonviolenza. Non è il caso di richiamare gli avvenimenti che nel corso della storia hanno visto la Puglia come ponte di dialogo pacifico, di scambi economici, di approdo e lancio culturale con tutti i Paesi del bacino mediterraneo.

Vogliamo solo sottolineare il fatto che è difficile oggi trovare vecchi marittimi nelle nostre città costiere che non abbiano fatto esperienza di ospitalità e di arricchimento umano presso tutti i popoli che si affacciano sullo stesso mare. È una riprova ulteriore che non l'atteggiamento del sospetto, né la minaccia armata, ma la cooperazione positiva con i paesi emergenti del Mediterraneo, divenuto lago di pace, potrà garantire l'unico sviluppo di cui la nostra terra ha bisogno.

A questo punto, non ci rimane che unire la nostra voce di pastori a quella di tanta gente che chiede una drastica riduzione delle attuali servitù militari sulla Murgia e la revoca della delibera regionale del 1983 sui poligoni permanenti di tiro.

È un segno concreto di pace che imploriamo dai nostri uomini politici, di cui pure comprendiamo il disagio, intuiamo la fatica e rispettiamo la perplessità, ma dei quali anche conosciamo la rettitudine e apprezziamo il coraggio.

Solo così i trattati di smantellamento degli euromissili, che proprio oggi i grandi della terra firmano a Washington, avranno riverberi di speranza nel nostro piccolo mondo antico. E ai poveri della nostra terra che chiedono giustizia saranno date le risposte audaci di una fame e di una sete finalmente placate.

Il documento è firmato da sette vescovi della Terra di Bari:
✠ Mariano Magrassi, *metropolita, arcivescovo di Bari-Bitonto*
✠ Giuseppe Carata, *arcivescovo di Trani-Barletta-Bisceglie*
✠ Giuseppe Lanave, *vescovo di Andria*
✠ Tarcisio Pisani, *vescovo di Altamura-Gravina*
✠ Domenico Padovano, *vescovo di Conversano-Monopoli*
✠ Antonio Bello, *vescovo di Molfetta*
✠ Francesco Cacucci, *vescovo ausiliare di Bari.*

(8 dicembre 1987)

3.

INVIATI PER SERVIRE

«...in pensieri, parole, opere e omissioni»

Alla sequela di Cristo, partendo dagli ultimi

Per la Giornata delle Migrazioni, invece di scrivere un suo intervento, Don Tonino Bello ha suggerito di pubblicare sul settimanale *Luce e Vita* i paragrafi del *Progetto Pastorale Diocesano* relativi al problema dell'emigrazione e del lavoro. «Vi suggerisco il titolo: *Pensieri, parole, opere e omissioni...*». Probabilmente andrebbe aggiunto: *Mea culpa, mea culpa, mea maxima culpa.*

187. Per quanto riguarda *il mondo dell'emigrazione*, vastissimo specialmente per Molfetta e Giovinazzo, dobbiamo riconoscere che le nostre comunità non si sono sprecate. I nostri emigrati, che ormai sono decine di migliaia in tutto il mondo, sono rimasti attaccati alle loro tradizioni d'origine, ma non alla loro Chiesa d'origine. E, ciò che è peggio, non si sono nemmeno integrati nella Chiesa d'arrivo.

Se è vero che vogliamo recuperare lungimiranze missionarie, se è vero che vogliamo *partire dagli ultimi* (superlativo di "oltre"), se è vero che l'evangelizzazione deve essere il nostro assillo, se è vero che la riscoperta della spiritualità e della interiorizzazione deve essere il nostro stile, non possiamo rimanere inerti di fronte al problema dell'emigrazione.

188. Anche in merito alla pastorale del *mondo del lavoro*, se si eccettua qualche timida iniziativa dell'Azione Cattolica con le sue proposte di pastorale d'ambiente, dobbiamo accusare bilanci deficitari.

La nostra presenza di Chiesa nel mondo rovente dei problemi sociali, della disoccupazione, della giustizia retributiva, dei licenziamenti, degli scioperi, della crisi marittima, delle lotte operaie e contadine, delle rivendicazioni degli artigiani... non è stata tempestiva, coraggiosa e profetica.

Abbiamo solo teorizzato senza condividere.

Forse per un malinteso intimismo religioso che ci ha impegnati in analisi sterilizzate, ci ha fatto disdegnare le barricate, e ci ha spinti a dimenticare che la Parola si incarna anche sulle barricate.

189. È necessario, pertanto, che *gli Uffici pastorali per il Lavoro e per l'Emigrazione* si impegnino a:

— promuovere un'analisi attenta, seria e aggiornata dei problemi del mondo del lavoro nelle nostre quattro città;

— progettare interventi pastorali che si ispirino al Vangelo e alle direttive della Chiesa in campo sociale;

— intuire gli ultimi di turno e schierarsi con loro;

— studiare le possibilità per articolare una pastorale dei disoccupati;

— promuovere la formazione religiosa e morale degli iscritti nelle varie associazioni di categoria;

— far sentire ai lavoratori che la Chiesa sta dalla loro parte, è sensibile ai problemi di giustizia, e si batte per il riconoscimento dei loro diritti;

— sollecitare convegni, dibattiti, tavole rotonde, confronti, in cui discutere i problemi emergenti del mondo del lavoro, nel tentativo di dare ad essi risposte di valenza cristiana;

— concentrare l'attenzione sulla pastorale dei marittimi, a causa della loro massiccia presenza sul territorio;

— analizzare meglio, e non in termini di approssimazione, il fenomeno migratorio;

— stabilire contatti pastorali e intese programmatiche con le Chiese dove i nostri concittadini lavorano;

— progettare riallacciamenti di rapporto diretto degli emigrati con la nostra Chiesa d'origine;

— studiare le modalità giuste perché il contatto degli emigrati con la nostra Chiesa li fortifichi nella fede e li faccia crescere nella conoscenza del Vangelo.

(dal Progetto Pastorale Diocesano:
Insieme, alla sequela di Cristo, sul passo degli ultimi).
(16 novembre 1986)

4.

LO SVILUPPO È IL NOME NUOVO DELLA PACE

Liberare l'uomo dall'intrico della miseria, dalle grinfie rapaci del potere, dalle seduzioni del falso benessere

La pace realtà di sintesi

Bisogna proprio abituarsi all'elasticità del vocabolario quando si parla di pace. È così vasta infatti la parentela di questo termine, con gli altri coinquilini del dizionario, che diventa indispensabile, per saperne di più, fare riferimento a cento altri vocaboli, per così dire, consanguinei.

La pace è una realtà di sintesi, benché semplicissima.

Un po' come il raggio di sole che l'arcobaleno scompone in tanti colori.

Ebbene, uno dei parenti stretti della pace, o se ci piace l'altra immagine, uno dei colori che compongono il raggio di sole della pace, è lo sviluppo.

Dal punto di vista filologico non è difficile descrivere che cosa sia «sviluppo».

È lo srotolarsi di una cosa avviluppata, indistinta, confusa. Sviluppare un'idea, vuol dire ampliarla, chiarirla, elaborarla esteticamente. Sviluppare una pellicola o una lastra fotografica significa rendere visibile, mediante opportuni reagenti, l'immagine nascosta, impressa sulla pellicola o sulla lastra.

Quando diciamo che nome nuovo della pace è sviluppo, vogliamo sottolineare che c'è la pace là dove l'immagine dell'uomo viene portata alla luce, viene restituita alla contemplazione, viene tolta dal buio o resa chiara nell'armonia dei colori.

Battersi per la pace, in questo senso, vuol dire liberare l'uomo dall'intrico della miseria, dal viluppo della massificazione, dalle grinfie rapaci del potere, dalle seduzioni involutrici del falso benessere.

Sicché, le situazioni di «non pace» sostanzialmente sono quelle in cui l'uomo rimane un abbozzo indistinto, senza diventare mai progetto enucleato; è considerato una gemma che si fa cadere dall'albero prima che esploda nel rigoglio del frutto; è lasciato nella opacità di un volto indistinto, che non trova mai i contorni personali di un *identikit* inconfondibile.

Non sempre lo sviluppo è sinonimo di progresso

Se le cose stanno così, occorre molta attenzione per non confondere sviluppo e progresso.

Sviluppo è cammino nella direzione dell'uomo; è marcia connotata dal riferimento all'uomo come criterio assoluto di valori.

Progresso, invece, è cammino, è marcia: che, però, non necessariamente segue le coordinate dell'uomo, o, per lo meno, di tutto l'uomo.

Tante tecnologie avanzate sono senza dubbio segno di progresso, ma non sono indice di sviluppo. Perché non sono al carro dell'uomo globale, bensì al carro di un gruppo di potere, o di una ideologia, o di un'appartenenza.

Le sofisticatissime armi moderne si inseriscono nella logica del progresso, non in quella dello sviluppo perché non favoriscono l'uomo integrale.

Le articolazioni scientifiche di una economia che privilegia alcuni popoli e ne penalizza mortalmente degli altri sono espressione di avanzamento, ma non certo di sviluppo.

L'impostazione di una visione della vita secondo cui i ricchi diventano sempre più ricchi e i poveri sempre più poveri si avvale senz'altro, per affermarsi, di elaborazioni di alto livello tecnico, ma di così scarso rilievo umano che bisogna avere il coraggio di usare, in questo caso, senza mezzi termini, la parola «involuzione».

Gli stabilimenti fotografici ed editoriali da cui escono le patinatissime pagine della pornografia hanno il marchio di un indiscusso progresso tecnico, ma non hanno nulla da spartire con lo sviluppo dell'uomo, ché anzi ne deprimono la crescita e ne impediscono l'arricchimento spirituale.

Anche il fascino del nucleare, con tutti i suoi vantaggi immediati rispetto al fabbisogno energetico, è segno di progresso: ma bisognerà stare molto attenti a dargli la patente di sviluppo se alimenta il sospetto che possa pregiudicare il futuro della terra, arrestare la crescita armonica del genere umano, e intristire la qualità della vita.

A che cosa mira tutto questo discorso?

A inquinare di sospetti la scienza o ad alimentare, con retrograde chiusure, spettri di riconosciuti oscurantismi?

Nient'affatto.

Vogliamo unicamente affermare l'ambiguità del progresso, e dire che solo se imbocca le corsie dell'uomo perseguendone accanitamente lo sviluppo integrale, porterà sui traguardi della pace.

E, tutto sommato, perché possiamo avvalerci della beatitudine espressa da Gesù a favore degli operatori di pace, il compito supremo che oggi ci sovrasta è proprio quello di batterci affinché ogni segno di progresso porti anche la sigla dello sviluppo, e sul volto dell'uomo, di ogni uomo della terra, risplenda la luce della libertà.

(1987)

5.

«TRAHISON DES CLERCS» IL TRADIMENTO DI QUELLI CHE CONTANO

Non si può continuare a tacere mentre la città muore

«*J'accuse*» *contro gli intellettuali*

Se do a questa lettera un titolo esotico, la ragione è duplice: anzitutto, perché i poveri (voglio dire gli abituali lettori del foglio *Luce e Vita*), vedendo in cima una misteriosa frase francese, passeranno oltre, non leggeranno il pezzo, e voi potrete così salvarvi la faccia, almeno davanti a loro; in secondo luogo, perché, scegliendo una frase volutamente ambigua, pago in anticipo l'insolenza di incriminarvi di tradimento col prezzo di far fraintendere, a più d'uno, che «clercs» significhi *chierici* come uomini di chiesa, e non chierici come uomini di cultura.

Un modo forse ingenuo per farmi perdonare il mio «*j'accuse*» contro di voi, visto che, almeno sul piano lessicale, accenno a una certa spartizione di responsabilità in fatto di tradimento.

Spartizione, che poi è anche giusta. Non sono tanto digiuno di storia, passata e recente, da ignorare i tradimenti consumati dalla Chiesa contro di voi, i suoi sospetti sul vostro modo di inseguire la verità, le sue paure sulla vostra autonomia intellettuale, le sue preoccupazioni sul vostro modo di intendere la libertà, la sua durezza nel recepire non solo i vostri metodi di ricerca ma anche la lettura da voi data delle realtà terrestri.

A un certo punto vi ha mollati (verbo volgarissimo corrispondente al latino *tràdere*), e ora sconta pesantemente la pena di un recupero che diventa sempre più difficile.

Il tradimento della latitanza

Io, però, voglio oggi parlarvi del vostro tradimento. E non di quello da voi messo in atto come ritorsione nei confronti della Chiesa, ma di quello ben più grave da voi operato nei confronti della città.

Ci state lasciando soli.

Vi siete ritirati nelle vostre torri d'avorio, non si sa bene se a meditare vendetta, o a ruminare sterili supplementi di analisi, o a contemplare dalle vostre aride specole i fasti di una dietrologia senza speranza.

Siete latitanti dall'agorà. È più facile trovarvi nelle gallerie che nei luoghi dove si esprime l'impeto partecipativo che costruisce il futuro. State disertando la strada. Per scarnificare la storia di ieri, state abbandonando la cronaca di oggi che, senza di voi, è destinata a diventare solo cronaca nera.

Sul vostro labbro si coglie uno sconcertante abuso di ironia, che mentre esprime lucidità di memoria, appanna la lucidità dei progetti. Manca nel vostro linguaggio quel sarcasmo appassionato che è indice di solidarietà con la storia degli uomini. Vi siete staccati dal popolo, così che, per la vostra diserzione, stanno cedendo nell'organismo dei poveri anche quelle difese immunologiche che li hanno preservati finora dalle più tragiche epidemie morali.

Vittime del privatismo, il male oscuro del secolo che voi per vocazione avreste dovuto debellare, avete abbandonato i laboratori della sintesi dove la poesia si mescola col giornale, il sogno con la realtà, la tensione assiologica con le fredde esigenze della tecnica, gli spartiti musicali della vita con gli arrangiamenti banali dei rumori quotidiani.

Intanto la città muore

E intanto la città muore. Col vostro nulla osta. La città benestante, consapevole dei suoi mezzi ma cieca nei suoi fini, corre verso un degrado di felicità mai conosciuto finora; mentre la città diseredata vive in simbiosi con la disperazione più nera e langue per asfissia da futuro.

Cari amici, non sto prendendo in prestito nulla dalla letteratura apocalittica corrente, né mi va di fare del moralismo di maniera. Anzi se c'è qualcosa che mi ripugna come vescovo è l'essere considerato funzionario del buon costume.

Ma non posso chiudere gli occhi di fronte alle situazioni pesantissime di miseria, di disoccupazione, di violenza, di ingiustizia, di violazione dei diritti umani, di affossamento dei valori, di degenerazione della qualità della vita e di cento altri fenomeni patologici, di fronte ai quali viene chiamata in causa la vostra correità di intellettuali che, pur essendo vestali della luce e sentinelle della città, scorgete la barbarie andare in metastasi nel tessuto della nostra convivenza e continuate a star zitti.

Ci state lasciando soli a tamponare emorragie e a fasciare piaghe sulle trincee. E anche quando sembrate gratificarci col dire che stiamo combattendo battaglie d'avanguardia, sotto sotto ci pare di leggere nei vostri giudizi il compatimento per chi si sta solo estenuando in scaramucce di retrovia.

Cari amici, perdonatemi lo sfogo.

Se un *chierico* come me, più propenso per antiche deformazioni ad attaccare vizi privati e a blandire pubbliche virtù, stavolta ha sentito il bisogno di aggredire i vizi pubblici di *chierici* come voi, è perché sa di poter fare affidamento sulle vostre tantissime virtù private. Tra queste mi pare che ancora ci sia la speranza.

E allora, da essa guidati per mano, intraprendiamo insieme la strada dell'esodo. Che è la strada della misericordia.

Divenuti pellegrini, usciremo sulla Gerusalemme-Gerico. Forse insieme riscatteremo la freddezza del sacerdote, chierico del sacro, e l'apatia del levita, chierico del sapere.

Insieme, fatti prossimo, ridaremo la mezza vita all'uomo mezzo morto boccheggiante sulla strada.

E le stelle non staranno più a guardare, come nei romanzi di Cronin.

Vi voglio bene.

(28 gennaio 1987)

6.

UTOPIE E RISCHI DELLA CARITÀ POLITICA

Al cristiano che fa politica oltre la compassione delle mani e del cuore, occorre la compassione del cervello

Quali sono i maggiori problemi della diocesi?

All'interno, i problemi di comunione. Credo che sia il punto cruciale di ogni Chiesa locale. Facciamo molte cose, ma con poca organicità. Il guaio forte, però, è che questa organicità, non essendo nella Chiesa una pura condizione funzionale del suo agire ma elemento costitutivo del suo essere, laddove manca, fa venir meno la forza d'urto dell'annuncio del cristiano. La Chiesa non è un'azienda, in cui, se non c'è organicità, le cose possono andare male. La Chiesa è una realtà di comunione: perciò, nella misura in cui manca la comunione, viene a mancare anche la Chiesa.

Nei rapporti con il mondo, poi, credo che il problema più grosso della mia diocesi sia quello di dover rientrare nell'area delle credibilità perdute non attraverso la porta di rappresentanza, ma attraverso la porta di servizio. Servizio, che significa abbandono a Dio: una Chiesa è credibile solo se è credente. Servizio, che significa misericordia verso l'uomo. In questo senso, grazie al cielo, scorgo nella mia diocesi tanti segni promettenti.

Quali sono i bisogni più diffusi fra la gente per i quali lei viene interpellato particolarmente?

Purtroppo, in quattro anni di servizio episcopale non c'è stato ancora uno che sia venuto a dire: «Maestro, insegnami a pregare». Più spesso la gente viene a chiedere la casa, il lavoro, la raccomandazione, l'aiuto economico... Di fronte a queste domande, ti prende sempre l'angoscia terribile derivante da mille considerazioni. Forse la gente, nonostante tanti segni in contrario, non ti vede ancora come uomo di preghiera. Forse lega l'idea di potere all'immagine del notabile di Chiesa. Probabilmente ti considera come uno che conta, e che, se vuole, basta che alzi il telefono e subito può esaudire un desiderio. «Se lei vuole...»: è questa l'espressione che mi affligge di più.

I bisogni della gente sono tanti. Spesse volte vorresti che «*aver misericordia sulla turba*» significasse risolverle i problemi. Ma devi accontentarti di rimanere «servo sofferente»: come Gesù, del resto, che, i nostri problemi, non è venuto a risolverli, ma a condividerli caricandoseli sulle spalle.

Che cosa si può fare per raggiungere il vasto mondo dell'indifferenza e della miscredenza, i «lontani»?

Per raggiungere i *lontani* bisogna farsi *prossimo*. Mi spiego. Coloro che noi chiamiamo indifferenti al fatto cristiano subiscono oggi un solo fascino: quello dei gesti concreti di condivisione e di solidarietà. Con le sole omelie non incanteremo nessuno, e le nostre prediche non avranno mai forti quotazioni nella borsa dei valori, se non sono avvalorate dal pagamento personale di un alto pedaggio di sacrificio sul versante della prassi.

L'audio non basta: se nella vita della Chiesa funzionerà anche il video, il mondo crederà, e Gesù Cristo diventerà compagno di viaggio di ogni uomo che viene in questo mondo.

Che cosa si può fare affinché i laici vengano maggiormente coinvolti nella vita della Chiesa?

Non si tratta di fare delle cose, ma di fare delle scelte. E radicali, per giunta. Anzitutto la scelta della *laicità* non come livello zero, come zona amorfa, come spazio neutro, come area di insignificanza ecclesiale... ma come vocazione, come dono, come missione. Come missione soprattutto nel mondo delle culture contemporanee, che possono essere *pasqualizzate* solo dai laici. Fa paura vedere, talvolta, nelle nostre comunità l'irrilevanza di questa coscienza.

Molti laici, invece che spazi nella Chiesa, esigono spazi nel presbiterio. Pretendono aree da clero di bassa forza, bloccando così la loro crescita naturale e atrofizzando i loro carismi specifici. I laici che si clericalizzano non sono meno innocui dei chierici che si laicizzano!

L'altro tipo di scelte radicali riguarda la revisione di certe logiche anticristiane: l'accumulo di ricchezze, l'avarizia, l'accaparramento, il consumo, la concorrenza sleale, la corsa ai posti migliori, la corruzione clientelare, il doppio o triplo stipendio, le raccomandazioni nei concorsi... non sono elementi per imbastire quaresimali accigliati e requisitorie da puritani. Sono i capisaldi attorno a cui articolare quella revisione di vita che ridarà nuova forza profetica ai laici cristiani.

Quale contributo danno e possono dare le diocesi italiane alla pace nel mondo?

Oggi assistiamo a una forte presa di coscienza, all'interno delle comunità cristiane, sui problemi nodali della pace, della giustizia, della solidarietà, dello sviluppo, della nonviolenza. Sta avvenendo un cambio formidabile. Il sottosuolo della Chiesa italiana si agita nelle convulsioni del parto. Sta entrando nel metabolismo organico delle comunità la convinzione di Bonhoeffer che dichiarava fuori posto l'esecuzione nelle chiese del canto gregoriano finché gli Ebrei continuavano a morire nei campi di sterminio.

Pax Christi sta svolgendo all'interno della Chiesa italiana questa azione catalizzatrice attorno ai temi della pace, favorendo processi di coinvolgimento, stimolando un'audacia propositiva più forte, aiutando l'uscita dagli abbottonamenti troppo prudenziali, incoraggiando prese di posizione più profetiche, proponendo anche sul piano tecnico itinerari concreti di educazione alla pace, sulla scorta della Parola di Dio e nella assidua lettura della sofferenza umana.

Come vede la presenza dei cristiani nel sociale e nel politico?

Anzitutto, non solo sono convinto di quanto afferma la *Gaudium et spes*, che parla della politica come di «arte nobile e difficile», ma condivido in pieno l'espressione di Paolo VI, il quale affermava che «la politica è una maniera esigente di vivere l'impegno cristiano al servizio degli altri».

Penso, pertanto, che il credente, oggi più che mai, debba accettare il rischio della carità politica, sottoposta per sua natura alla lacerazione delle scelte difficili, alla fatica delle decisioni non da tutti comprese, al disturbo delle contraddizioni e delle conflittualità sistematiche, al margine sempre più largo dell'errore costantemente in agguato.

Il cristiano, in pratica, imbocca la Gerusalemme-Gerico; non disdegna di sporcarsi le mani; non passa oltre per paura di contaminarsi; non si prende i fatti suoi; non si rifugia nei suoi affari privati; non tira diritto per raggiungere il focolare domestico, o l'amore rassicurante della sposa, o la mistica solennità della sinagoga. Fa come fece il buon Samaritano, per il quale san Luca usa due verbi splendidi: «*Ne ebbe compassione*» e «*gli si fece vicino*».

È un mestiere difficile, non c'è dubbio. Non solo perché richiede la coscienza dell'autonomia della politica da ogni ipoteca confessionale e il riconoscimento della sua laicità. Ma anche perché deve evitare la tentazione, sempre in agguato, dell'integralismo: diversamente si ridurrebbe il messaggio cristiano a una ideologia sociale.

In concreto, come si caratterizza
l'azione politica del credente?

Il cristiano che fa politica deve avere non solo la compassione delle mani e del cuore, ma anche *la compassione del cervello*. Analizza in profondità le situazioni di malessere. Apporta rimedi sostanziali sottratti alla fosforescenza del precariato. Non fa delle sofferenze della gente l'occasione per gestire i bisogni a scopo di potere. Paga di persona il prezzo di una solidarietà che diventa passione per l'uomo. Addita, in termini planetari e senza paura, i focolai da cui partono le ingiustizie, le violenze, le guerre, le oppressioni, le violazioni dei diritti umani.

Sicché, man mano che il cristiano entra nella politica, dovrebbero uscirne di pari passo la mentalità clientelare, il vassallaggio dei sistemi correntizi, la spartizione oscena del denaro pubblico, il fariseismo teso a scopi reconditi di dominio.

Utopie? Forse. Ma così a portata di mano, che possono finalmente diventare «carne e sangue» sull'altare della vita.

(27 febbraio 1987)

7.

LA TRINITÀ MISTERO CHE IRROMPE NELLA CRONACA

Contemplare la Trinità per stare con i piedi per terra

«Vangelo trinitario» e disoccupazione giovanile

Se in questo cammino quaresimale vi parlerò della Santissima Trinità, sono certo che qualcuno, trovando l'idea poco pratica, mi porrà un cumulo di domande: «Che cosa ha da spartire la Trinità con le nostre sofferenze? Parlaci piuttosto di quei problemi terra terra che dobbiamo affrontare ogni giorno, quali la violenza, la solitudine, la difficoltà di instaurare rapporti umani più credibili, la ricerca di motivi validi per continuare a vivere. Che cosa ha a che fare questo mistero, per altro così difficile da capire, con la disoccupazione giovanile, con la disperazione dei poveri, con la crisi dei valori o, come dicono gli esperti, col calo delle evidenze etiche? Quanto c'entra il discorso trinitario con la fame nel Terzo Mondo, con la guerra nel Medio Oriente, con le ingiustizie di ogni giorno? Quale risvolto concreto può avere sulla nostra vita l'astrusa contemplazione di una verità che, raffinata per quanto si vuole sotto il profilo dottrinale, è sempre arida dal punto di vista operativo?».

Queste perplessità sono, purtroppo, il segno di quanto il «vangelo trinitario» sia scandalosamente lontano dalla nostra esperienza. Verrebbe da sospettare che la vita di molti cristiani non cambierebbe gran che se, dai trattati di teologia, le pagine riguardanti la Trinità venissero strappate.

Dal teorema celeste anche l'etica del contadino

Se ho fatto questa scelta per la quaresima '87, è proprio perché voglio convincervi che quello della Trinità è oggi l'unico discorso che ci aiuta a stare, come si suol dire, «con i piedi per terra», senza fuggire per la tangente delle sottili speculazioni dottrinali.

Due idee, per ora, basteranno a persuadervi.

Eccovi la prima. Quello della *unità e trinità di Dio* (insieme con l'incarnazione di Gesù Cristo) non solo è il mistero principale della nostra fede, ma è anche il cardine portante della nostra morale.

Se il Signore questo mistero ce l'ha rivelato, non l'ha fatto certo per complicarci le cose: l'ha fatto per offrirci un principio permanente di critica cui sottoporre la nostra vita nelle sue espressioni personali e comunitarie.

Sicché, la Trinità non è una specie di teorema celeste buono per le esercitazioni accademiche dei teologi. Ma è la sorgente da cui devono scaturire l'etica del contadino e il codice deontologico del medico, i doveri dei singoli e gli obblighi delle istituzioni, le leggi del mercato e le linee ispiratrici dell'economia, le ragioni che fondano l'impegno per la pace e gli orientamenti di fondo del diritto internazionale.

La Trinità, dunque, è una storia che ci riguarda, ed è a partire da essa che va pensata tutta l'esistenza cristiana.

Bloch diceva che Dio è un padrone collocato così in alto, che l'uomo, il servo, di fronte a lui rimane a bocca asciutta. Nulla di più falso, almeno per il nostro Signore, il quale, se si è rivelato Uno e Trino, è perché vuol far sedere il servo alla tavola delle sue ricchezze.

Semplice dichiarazione di principio?

Eccovi allora la seconda intuizione.

Come la Santissima Trinità è il mistero di tre Persone uguali e distinte che formano un solo Dio, così noi, esseri viventi, siamo obbligati a ripetere nella storia terrena il mistero di *più persone*, *uguali* e *distinte*, destinate a formare un solo Uomo, Cristo Gesù.

Non è chi non veda dove potrà condurci un discorso del genere.

Avviamoci, dunque, con fiducia verso la Pasqua, punto nevralgico da cui è scoppiata la notizia trinitaria, ed è traboccata sui versanti della nostra storia allagandola di speranza.

(3 marzo 1987)

8.

CORAGGIO, GENTE: NON ADATTIAMOCI ALLA MEDIOCRITÀ

La nostra anagrafe è cambiata: siamo la casa della Trinità

Un principio di vita nuova

Alcuni giorni fa sono andato in una scuola, e una bambina di quinta mi ha chiesto di spiegarle perché mai in tutta la quaresima io mi fossi ostinato a chiamare la Pasqua «casa della Trinità». Avevo sotto mano il Vangelo di Giovanni, e ho letto due passi. Il primo, relativo agli ultimi momenti della vita terrena di Gesù: «*Chinato il capo, consegnò lo Spirito*» (Gv 19,30).

Gliel'ho brevemente commentato, dicendo: «Vedi, bambina, il *Figlio* consegna al *Padre* lo *Spirito*. Nell'istante supremo della morte di Gesù, aleggia dunque attorno alla croce la presenza della Santissima Trinità. È stato proprio sulla croce che Gesù, svelandoci il più intimo segreto di casa sua, ci ha dato la buona novella che Dio è comunione, non solitudine! Ma c'è di più: Gesù nell'attimo in cui muore, oltre a dirci che è ricco di comunione, ci dona in eredità la sua ricchezza. *Consegnò lo Spirito*, infatti, significa non solo che nella morte affidò se stesso al Padre, ma anche che donò ai credenti il suo Spirito quale principio nuovo di vita per tutta la terra».

Ho letto, poi, il secondo brano di Giovanni, riguardante i primi attimi del Risorto, apparso la sera di Pasqua alla comunità dei discepoli: «*Come il Padre ha mandato me, an-*

ch'io mando voi. Dopo aver detto questo, alitò su di loro e disse: Ricevete lo Spirito Santo» (Gv 20,21-22).

E ho concluso: «Cara bambina, ora non ti sarà difficile comprendere che la Pasqua è per noi l'accadimento decisivo. È il cratere in cui precipita non solo la suprema rivelazione di Dio, ma anche la sua totale donazione all'umanità. Con la morte e risurrezione di Gesù, il nostro destino si è capovolto. Da allora siamo entrati nella famiglia trinitaria. La nostra anagrafe è cambiata. La storia di Dio ha fatto irruzione nella storia dell'uomo, perché la nostra storia umana venisse risucchiata nella storia di Dio».

Superare gli orizzonti dei bassi profili

A questo punto, miei cari fratelli, se è vero che la Trinità è la nostra prima sorgente e il nostro ultimo approdo di risorti, dirvi Buona Pasqua significa augurarvi che vi si scateni nell'anima una incontenibile nostalgia della casa natale e una grande tenerezza per la patria lontana.

L'ho sentita da un rabbino: «L'esilio vero di Israele in Egitto fu che gli Ebrei impararono a sopportarlo».

Purtroppo, il dramma dell'assuefazione all'esilio minaccia anche noi cristiani. Ci stiamo adattando alla mediocrità. Accettiamo senza reagire gli orizzonti dei bassi profili. Viviamo in simbiosi con la rassegnazione. Ci vengono meno le grandi passioni. Lo scetticismo prevale sulla speranza, l'apatia sullo stupore, l'immobilismo sull'estasi. La nostra religiosità incolore si stempera in gesti stereotipi, in atteggiamenti etici senza entusiasmo, in pratiche rituali che hanno il sapore delle minestre riscaldate nelle pentole d'Egitto. Più che essere schiavi dell'abitudine, abbiamo contratto l'abitudine della schiavitù.

Coraggio, gente! La Pasqua ci dice che la nostra storia ha un senso, e non è un mazzo di inutili sussulti. Che quelli che stiamo percorrendo non sono sentieri interrotti. Che la nostra esistenza personale non è sospesa nel vuoto, né consiste in uno spettacolo senza rete. Precipitiamo in Dio. In lui viviamo, ci muoviamo ed esistiamo. Egli è il «totalmente Altro», che si è fatto prossimo, e nel quale per sempre, abbiamo dimora. Sì, perché, dal giorno di Pasqua, il nostro domicilio legale è ormai in «casa Trinità, via Risurrezione, numero tre»!

Coraggio, gente! La Pasqua ci porta l'annuncio che Dio non è solo il «totalmente Altro» nel quale navighiamo, ma è anche il «totalmente Dentro» che si è fatto inquilino di quell'appartamento privatissimo che si chiama «persona umana». Sicché, dal giorno di Pasqua, l'indirizzo provvisorio della Santissima Trinità porta i connotati di ciascuno di noi. Di me, «vostro vescovo Antonio». Di te, Andrea, fratello fortunato. Di Angela, la tua splendida donna. Di Paolo, tuo amico per la pelle...

E chi vuole adorare la Trinità, non la deve cercare nei quartieri residenziali del cielo, ma negli occhi dei poveri. Di Antonio, il pescatore. Di Gennaro, l'ubriaco. Di Mohamed, il marocchino. Della mamma di Marta, paralizzata nel cronicario. Di Giuseppe, l'accattone che dorme sulla panchina della villa...

E chi intende parlarle, deve sostare davanti al corpo di Lucia, la bambina focomelica. Di Pablito, il piccolo boliviano che muore di fame. Di Mariella, che si è chiusa nel silenzio. Del povero Luigi, che ha smarrito la ragione...

Coraggio, gente! Se le cose stanno davvero così, la Pasqua vi prosciughi, fino all'ultima goccia, i ristagni di disperazione che si sono sedimentati nel cuore.

E, insieme al coraggio di esistere, vi ridìa la voglia di camminare.

(17 aprile 1987)

9.

LE TENTAZIONI DELLE 3 P

Parola, Progetto, Protesta
contro le tentazioni di Profitto, Prodigio, Potere

Gesù tentato per noi

Perché mai Gesù, dopo trent'anni di silenzio, invece di presentarsi sulla scena della vita pubblica con un bel miracolo o con una delle sue splendide parabole, si esibisce in questa durissima lotta con le forze del male?

La risposta è semplice: per indicarci il motivo della sua venuta sulla terra. Anzitutto riprendersi sul demonio la rivincita della partita persa dall'umanità per due a zero (primo tempo con Adamo, secondo tempo col popolo ebreo nel deserto). E poi, darci la chiave tattica per risolvere a nostro favore tutte le partite successive, visto che le tre tentazioni di Gesù sono gli archetipi, attorno a cui ruota ogni peccato dell'uomo (cfr. Mt 4,1-11).

Potremmo chiamarle: le tentazioni delle tre P: *Profitto, Prodigio, Potere.*

Il che significa: strumentalizzare le cose, Dio, l'uomo.

Triplice strumentalizzazione dell'uomo

«*Fa' che le pietre diventino pane*». Ridurre tutto a economia, a ventre. Convertire anche i sogni in assegni circolari. Niente fiori, solo denaro. Niente poesia, solo ricchezza. Niente musica, solo profitto. Anzi, massimizzazione del profitto, se perfino le pietre devono diventare pane. Produzione. Ideologia della produzione. Mascherata, magari, con l'ipocrisia di voler saziare la fame dei popoli.

Ma, oltre alla strumentalizzazione delle cose, c'è anche quella di Dio. «*Gèttati dall'alto: lui ti salverà*». Ecco la tentazione del prodigio. Il distorcimento della religione a scopi d'interesse. Un Dio utile. Di cui ci si serve. Funzionale ai miei progetti. Che legittimi le mie follie. Come è comodo un Dio che ratifichi il mio disimpegno e mi sostituisca nelle scelte decisive!

E poi c'è la strumentalizzazione dell'uomo. «*Ti darò in mano tutti i regni del mondo*». Ecco la tentazione del potere. Crescere salendo sulle spalle dell'altro. Schienare il prossimo perché dipenda da me. Togliergli l'aria, perché deve prenderla dalle mie bombole. Negargli la dignità perché sia io a conferirgliela col contagocce. Costituirmi metro della sua libertà, usurpando un diritto che anche Dio esercita con pudore.

Stringi stringi, tutte le tentazioni si riducono a questo triplice modulo.

Fare largo alla Parola di Dio

E come reagisce Gesù? Con altre tre P: *Parola, Progetto, Protesta*. La risposta di Gesù è chiara: «*Non di solo pane vive l'uomo, ma di ogni parola che esce dalla bocca di Dio*».

Tra il pane che entra nella bocca dell'uomo e la *Parola* che esce dalla bocca di Dio, la seconda è più importante. Perché il pane ti fa camminare. Ma è la Parola che orienta i tuoi passi. Il pane, quindi, non è tutto. Anzi, non è nulla se non si sa per quale scopo bisogna mangiarlo. Ebbene, la Parola di Dio ci dice che noi dobbiamo mangiare per aiutare il prossimo a trovare il suo pane e, con esso, il gusto di vivere.

«*Dall'amore riconosceranno che siete miei: se porterete gli uni i pesi degli altri*» (cfr. Gv 13,14.35). Non se porterete sulle spalle i pesi delle mie statue in processione.

«Il pane per me — ammoniva Berdiaev — è una questione materiale. Il pane per il mio vicino è una questione spirituale».

Che bella quaresima di carità possiamo impostare, se faremo largo alla Parola di Dio che dice: «*Spezza il tuo pane con l'affamato. Introduci in casa tua i miseri, senza tetto. Vesti chi è nudo*» (cfr. Is 58,6-7). Il che significa: «Non dormire tranquillo finché nel mondo ogni anno cinquanta milioni di persone muoiono per fame. Se hai una casa vuota, facci entrare chi è sfrattato. Se no, a che serve l'anno internazionale dei senza tetto? Occupati degli ammalati, di chi è diverso da te, di chi non ha avuto fortuna. Tratta bene gli immigrati terzomondiali. Se puoi, dona un po' del tuo sangue o i tuoi organi perché il fratello viva.

Non abbuffarti da solo. Fai sedere gli altri al banchetto della vita. Ma con te. Forse la gente ha più bisogno di una tovaglia di convivialità che del pane che ci sta sopra.

Ed ecco la seconda reazione di Gesù, che possiamo articolare attorno alla parola *Progetto*.

«*Non tentare il Signore Dio tuo*». Cioè: non rinunciare a progetti storici precisi, in cui si chieda impegno, fatica, intelligenza. Se ti batti per la pace, non accontentarti di invocarla soltanto, ma disegnane le possibilità concrete di attuazione. Se lotti per il pane dei fratelli, adopera strumenti propositivi adatti. Se ti impegni nella Caritas parrocchiale, applica intelligenti strategie di intervento che utilizzino anche le tecniche legislative, e non si esauriscano in rugiadose emozioni.

Non usare Dio, mai, neppure a scopo di beneficenza. Non pretendere miracoli da lui, laddove l'unico miracolo da chiedere è che tu esca dal fatalismo in cui rischi di imprigionarti, forse anche in nome della fede.

Infine la *Protesta*.

«*Vattene, Satana. Sta scritto: Adora il Signore Dio tuo e a lui solo rendi culto*». Se è vero che il deserto del mondo è pieno di aspiranti al ruolo di Dio, tu smascherali senza paura. Denuncia a viso aperto tutti i despoti che impongono genuflessioni alla povera gente. Combatti i tentativi di spostare la fiducia dell'uomo dal versante di Dio, scudo e baluardo, a quello di ben altri scudi. Opponiti al vitello d'oro della produzione delle armi e del loro commercio clandestino. Contrasta il peccato delle strutture che opprimono i popoli.

Ma smonta anche le strutture del peccato che opprimono te. Prega, perché Dio ti preservi dal «*peccato che è accovacciato alla tua porta*» (Gn 4,7) e pèntiti ogni volta che ti accorgi che una fila di signorotti intermedi e di idoli di bassa lega hanno sostituito nel tuo povero cuore l'unico Signore che meriti di essere adorato.

E anche tu, Chiesa, guardati dalle insidie nascoste del potere. Persino un progetto grandioso di liberazione umana può essere ambiguo se prodotto da sete di dominio, e i successi ottenuti sul campo possono divenire segni di potere. A te non si addicono i segni del potere. Ma solo il potere dei segni.

Non tocca a te, cioè, col tuo impegno di carità, risolvere il problema della casa, della disoccupazione, della fame nel Terzo Mondo, o della ingiustizia planetaria. Tocca a te, però, condividendo la sorte degli ultimi e schierandoti con loro, porre segni di inversione di marcia ogni volta che il mondo assolutizza se stesso. Rinuncia pure ai segni del potere. Non convertono nessuno. Ma non rinunciare al potere dei segni. È un potere povero che dà fastidio, perché disturba il manovratore. Ma conduce finalmente ai piedi della croce, sulla quale Gesù Cristo, nostro indefettibile amore, con i segni del fallimento, ci ha conquistato la libertà.

(7 marzo 1987)

10.

AVANTI TUTTA, NEL NOME DI DIO

Inaugurazione della C.A.S.A. di Ruvo.
Solidarietà della gente, coraggio degli operatori, speranza degli ospiti: tre miracoli possibili

Il vero esilio è adattarsi a sopportarlo

La data di oggi è tra le più significative per la nostra diocesi. Non so se, nel giorno in cui inauguriamo la nuova sede della Comunità di Accoglienza per i tossicodipendenti, sia lecito far prevalere l'estasi per il tanto compiuto o, invece, non sia più giusto lasciarsi prendere dalla preoccupazione per il tantissimo che resta ancora da fare.

Non voglio allarmare nessuno, né pretendo di seppellire sotto il conteggio delle omissioni questo piccolo segno della speranza costituito dalla C.A.S.A. di Ruvo. Ma, nonostante i sacrifici compiuti per realizzarla, la tragedia del fenomeno droga, che sta mietendo vittime anche nelle nostre città, oggi ci proibisce severamente di contemplare la nostra bravura.

Non illudiamoci: il flagello della droga colpisce più di quello che si vede. Forse è divenuto più sotterraneo e strisciante, ma c'è. Forse ha trovato i moduli per vivere in simbiosi con la società senza scandalizzarla troppo, ma c'è. Forse ha reso più morbidi i suoi punti di incastro con l'opinione pubblica, ma c'è. Ed è pericoloso chiudere gli occhi sotto la carezza di un'assuefazione che non ci scomoda più.

«Il vero esilio di Israele in Egitto — diceva un rabbino — fu che gli Ebrei avevano imparato a sopportarlo».

L'inaugurazione della C.A.S.A., pertanto, più che un rito leggiadro in cui celebriamo i fasti delle nostre opere buone, vuole essere un pugno sulla faccia del corpo sociale che forse ha abbassato la guardia, e che, in ordine a certi valori, è entrato, lui per primo, in crisi di astinenza.

I toni di crociata oggi fanno ridere. Così pure, certi facili moralismi. Ma non fa certamente ridere l'allusione a due grossi impegni di cui tutti insieme dobbiamo farci carico. Anzitutto, *batterci sul versante della prevenzione*, iniettando nell'anemico metabolismo sociale siringhe di valori. Se il tempo che spendiamo per riparare i guasti lo impegnassimo per evitarli, ci sarebbe anche un dispendio minore di energie. E poi *alimentare la speranza*. Che non è esercizio ingenuo di caparbietà. Ma certezza che cambiare è possibile e che, se il vento dello Spirito soffierà sul fuoco della solidarietà degli uomini, «*il lamento si muterà in danza, e la veste di sacco in abito di gioia*» (cfr. Sal 30,12).

Ecco il discorso dei segni

Domenica scorsa si è inaugurata a Molfetta un'altra casa: la Casa del Signore, nella parrocchia di Sant'Achille. Tutta la mattina una pioggia torrenziale si è riversata sulla città e dal tetto inclinato del nuovo tempio l'acqua scendeva a canali. Al punto che la sera, quando tra il popolo in festa ho benedetto con l'acquasanta le pareti della chiesa, mi sarei parso ridicolo se non avessi avuto la convinzione che, pur nella sproporzione tra le cateratte del mattino e le poche gocce dell'aspersorio la sera, la speranza fioriva tutta sul versante di queste ultime. Perché l'acqua benedetta era il segno battesimale della novità di vita, il simbolo dei cambi radicali, il primo acconto riscosso su una coraggiosa polizza di risurrezione.

Traducendo i simboli, non è difficile vedere nelle gocce dell'aspersorio l'immagine della C.A.S.A.

Perché regga il confronto con i rovesci del nubifragio, non è lecito calcolarne l'efficacia con i criteri pluviometrici dei centimetri cubi. Ma sul carico di speranza che essa racchiude e che quantifica la portata di una formidabile scommessa.

La scommessa che alla fine l'uomo la spunterà sulla «roba», e che il gusto di vivere prevarrà sullo squallore della paranoia.

Un immenso augurio.

P.S. Dimenticavo di dirvi che domenica sera, dopo l'aspersione dell'acquasanta, all'uscita dalla chiesa di Sant'Achille, nel cielo limpidissimo sfavillavano le stelle.

(5 luglio 1987)

11.

PERCHÉ I LAICI FANNO SEMPRE LE RISERVE?

Portare la veste battesimale nei cantieri e la tuta di lavoro in chiesa

Chiarire il concetto di laicità

L'imminenza del sinodo ci stimola a una serie di riflessioni preparatorie: forse così ne seguiremo meglio i lavori e ne accoglieremo con più prontezza le provocazioni che lo Spirito Santo, ne siamo certi, non farà mancare.

Nelle nostre chiese, che pur soffrono di una certa polarizzazione clericale, ci sono, grazie a Dio, dei laici a cui non fa difetto né l'audacia, né la maturità, né la preparazione. Ma ancora non giocano la partita come titolari. Hanno troppo l'aria tipica delle riserve, anche quando accennano a scaldarsi ai bordi del campo. Allungano troppo la fila della panchina, in attesa di tamponare le falle provocate dalla stanchezza o dagli infortuni dei protagonisti.

È che sta ancora a mezza strada il recupero del concetto di laicità, inteso come dono e vocazione.

Laicità non è il livello zero, la zona amorfa, lo spazio neutro, l'aria della insignificanza ecclesiale. Il laico non è un «non prete», non è il braccio secolare, né la *longa manus*, né l'appendice del clero. Il laico non è una protesi del presbitero!

È invece colui che, chiamato a far parte del popolo di Dio mediante il battesimo, ha il compito di annunciare che Gesù è il Signore, con un modulo tutto suo: trattando le cose temporali e orientandole al Regno.

Dare senso ultimo alle realtà temporali orientandole a Dio

Questo modulo dell'annuncio, proprio del laico, potrei esprimerlo con una frase ad effetto: il laico è colui che porta la veste battesimale nei cantieri e la tuta di lavoro in chiesa.

Portare la veste battesimale nei cantieri significa rispettare le realtà terrene, la loro autonomia, le loro leggi interne. «Lo Spirito cristifica ciò che tocca» dicevano i Padri. Il laico battezzato e cresimato, unto cioè di Spirito, cristifica ciò che tratta. E non ha bisogno di liturgie particolari, né di orazioni suppletorie. Se è medico, basterà che rispetti la verità delle cose, non manipoli le finalità recondite della natura, tratti la realtà su cui opera come il sacerdote tratta l'ostia consacrata, si tenga continuamente aggiornato...

Portare la tuta di lavoro in chiesa significa tenere aperti verso la trascendenza tutti i valori terreni che, per loro natura, tendono a chiudersi. Dare senso ultimo alle realtà temporali orientandole a Dio e sottraendole ai pericoli della ideologia, anche se questa si ammanta di ragioni religiose.

Pertanto, una più convinta riscoperta della laicità intesa come vocazione; una più profonda vita interiore da alimentare soprattutto nelle associazioni ecclesiali; un più cordiale rifiuto di ogni litigiosità corporativa tra gruppi; un più francescano sentirsi «fratres minores» nel panorama dei movimenti ecclesiali; un più audace esporsi sui crinali dell'impegno politico per portarvi il soffio di una testimonianza evangelica fatta di rigore, di competenza e di trasparenza... dovranno punteggiare il cammino di un laicato più maturo.

È urgente, perciò, che i laici nelle loro rivendicazioni chiedano gli spazi giusti (che non sono solo quelli del presbitero) e si tengano lontani dalle tentazioni clericali. I laici che si clericalizzano non sono meno innocui dei chierici che si laicizzano.

Il cammino è lungo. Ma è proprio passando attraverso gli svincoli di una forte presa di coscienza vocazionale, e non pretendendo aree da clero di bassa forza, che i laici risponderanno alle attese della Chiesa e del mondo.

(5 agosto 1987)

12.

L'IMPEGNO CRISTIANO DI SERVIRE

Non siamo chiamati alla contrapposizione o alla sfida ma al servizio: non «altro» ma «oltre»

Fare il pieno dell'olio anche per gli altri

Davanti alla profusione di olio che tra poco inonderà il presbiterio di questa Cattedrale, invece che sentirvi appagati dal rito (così denso di raffinate simbologie), o saturi di contemplazione (così facile per chi è addentro a certi linguaggi), o splendenti di letizia (così spesso contratta a perimetri personali), possiate sentirvi echeggiare nelle orecchie il grido della gente: «*Dateci del vostro olio, perché le nostre lampade si spengono!*» (Mt 25,8).

Diciamocelo con franchezza: noi qui, tutto sommato, siamo degli aristocratici. Anche se così numerosi, costituiamo pur sempre una *élite*: vescovo, presbiteri, diaconi, ministri, religiose, catechisti, cresimandi... gente comunque impegnata ecclesialmente, che adopera con disinvoltura il vocabolario biblico, che sperimenta la gioia e il privilegio di comunicare con i fratelli di fede, che si nutre della Parola e trova il conforto dei segni sacramentali.

Ma la maggior parte del popolo di Dio sta fuori della tenda. I più non sanno neppure che stiamo celebrando questa liturgia crismale. Molti non sospettano neanche lontanamente che questo luogo sta per diventare il cratere da cui si dipartono, come una colata lavica compressa in piccoli vasi, i rigagnoli dell'olio che simbolizzano la pace, la forza, la santità dello Spirito.

Che ne sanno dell'olio misto a balsamo i pescivendoli della nostra città di Molfetta o le studentesse che in queste prime ore delle vacanze pasquali affollano il corso? Cosa importa dell'olio dei catecumeni ai fiorai di Terlizzi impegnati a concludere lucrosi commerci primaverili? Che volete che si interessino delle nostre misture aromatiche i coltivatori diretti o gli impiegati delle cantine sociali di Ruvo? Quale attenzione possono nutrire per l'olio degli infermi gli artigiani di Giovinazzo o i cassintegrati delle acciaierie?

Eppure, con quest'olio consacrato hanno avuto tutti a che fare, se non altro perché battezzati. Ma le loro scorte si sono presto esaurite.

Come Chiesa siamo qui per tutti

Allora è anche per essi che noi oggi stiamo qui.

E guai se, come i nazaretani nella sinagoga, mentre teniamo gli occhi fissi su Gesù almeno un orecchio non lo porgessimo all'implorazione di coloro che ci chiedono dell'olio perché le loro lampade si spengono.

Stavolta saremmo noi le vergini stolte se, come quelle prudenti del Vangelo, rispondessimo: «*No, che non abbia a mancare a noi e a voi: andate piuttosto dai venditori e compratevene*» (Mt 25,9).

Vi ho detto queste cose per invitarvi a cogliere il frutto più carnoso della Messa Crismale, che è quello di sentirci profondamente solidali con tutto il popolo, del quale, in gradazioni varie, siamo ministri e al quale, una volta fatto il pieno dell'olio dello Spirito, siamo inviati come missionari.

Dobbiamo realizzare, insomma, in ciascuno di noi quello che le letture bibliche attribuiscono al Messia: ci ha mandato per annunciare ai poveri un lieto messaggio.

Senza questa solidarietà col mondo, che si fa simpatia per gli ultimi, compassione con i sofferenti, schieramento con gli oppressi, attenzione ai problemi planetari, compagnia con i lontani, preghiera per tutti, questo rito che stiamo celebrando si ridurrebbe a una specie di *cocktail-party* per pochi intimi, del quale io sarei l'anfitrione misterioso.

Una icona della Chiesa con Maria

Ed eccoci condotti al senso profondo della Messa Crismale che, come suggeriscono le note del Pontificale Romano, è quasi «epifania della Chiesa, corpo di Cristo organicamente strutturato, che nei vari ministeri e carismi esprime, per la grazia dello Spirito, i doni nuziali del Cristo alla sua Sposa pellegrina nel mondo».

Questo giro di parole, un po' difficile e complesso in verità, mi sembra che possa essere sceneggiato da una splendida icona biblica, che si trova nel primo capitolo degli Atti degli Apostoli e ci parla della prima assemblea della Chiesa in attesa dello Spirito.

Ecco il testo: «*Entrati in città, salirono al piano superiore dove abitavano. C'erano Pietro e Giovanni, Giacomo e Andrea, Filippo e Tommaso, Bartolomeo e Matteo, Giacomo di Alfeo e Simone lo Zelota e Giuda di Giacomo. Tutti questi erano assidui e concordi nella preghiera, insieme con alcune donne, e con Maria, la madre di Gesù, e con i fratelli di lui*» (At 1,13-14).

Chi non ha capito che cosa significa «epifania della Chiesa, corpo di Cristo organicamente strutturato, nei vari ministeri e carismi...», con questa icona biblica viene accontentato.

Non manca nessuno: dal capo che è Pietro, sempre nominato per primo, al collegio degli Apostoli, ai titolari dei vari ministeri e carismi adombrati nella presenza delle donne e dei fratelli di Gesù.

E in mezzo a tutti, c'è lei, Maria, la Madre.

Ecco l'archetipo, o, se vogliamo, la fotografia retrodatata della nostra assemblea di stamattina.

Ebbene, di questa icona, desidero mettere in risalto tre particolari. Che cosa significa per la nostra Chiesa di Molfetta-Ruvo-Giovinazzo-Terlizzi: *entrare in città, salire al piano superiore, essere assidui e concordi nella preghiera.*

E poiché negli Atti degli Apostoli si parla di Maria, desidero scrutare con voi quale possa essere la funzione di lei anche in questi momenti della nostra Chiesa locale.

Entrare in città per essere ministri della felicità della gente

Entrare in città significa ritrovare la ragion d'essere della nostra comunità diocesana. Che non è quella di estraniarsi dal mondo, ma di entrare nel suo tessuto connettivo, assumendone la storia e la geografia, «le gioie e le speranze, le tristezze e le angosce».

E qui vorrei cogliere l'occasione per rassicurare tutti coloro i quali nutrono qualche sospetto circa la nostra lealtà nei confronti delle istituzioni che la Chiesa si pone rispetto al mondo politico, sindacale, economico, sociale, non nell'atteggiamento della contrapposizione o della sfida, o di chi sa fare le cose meglio, ma nell'atteggiamento del servizio.

Dico del servizio e non del servilismo. Che il servizio autentico qualche volta esige anche la critica o la denuncia, non significa che la Chiesa voglia costituirsi quasi come rivale o antagonista delle istituzioni, creandosi delle aree di influenza dove, invece che esprimersi come serva, si esprime come padrona.

Vogliamo essere ministri della felicità della gente.

E là dove vediamo progetti validi, tesi a favorire la crescita globale dell'uomo e della sua città terrena, ce la metteremo tutta perché si realizzino tali progetti, senza troppo sottilizzare sul nome del progettista o sulle sigle del suo distintivo.

Ribadiamo, perciò, ancora una volta che, come Chiesa, desideriamo intensificare la nostra azione di rispetto, di incoraggiamento, di sostegno e di preghiera perché gli uomini impegnati nelle istituzioni pubbliche conducano nel migliore dei modi la loro difficile missione.

In questo senso vorremmo sempre meglio servire coloro che sono chiamati a servire il popolo. Non presentando, in alternativa al loro, un progetto *altro*, ma indicando costantemente l'*oltre* di qualsiasi progetto umano.

Vergine Santa, che, guidata dallo Spirito, ti mettesti in cammino per raggiungere in fretta «una città di Giuda», dove abitava Elisabetta, e divenisti così la prima missionaria del Vangelo, fa' che sospinti dallo stesso Spirito, significato da questo Oli Santi, abbiamo anche noi il coraggio di entrare nella città, per portarle annunci di liberazione e di speranza, e per condividere con essa la fatica quotidiana nella ricerca del bene comune. Donaci il coraggio e la lealtà di non imboscarci allontanandoci dai luoghi dove ferve la mischia, di offrire a tutti il nostro servizio disinteressato, e di guardare con simpatia questo mondo nel quale nulla vi è di genuinamente umano che non debba trovare eco nel nostro cuore.

Fa' che, messo nelle nostre mani, l'olio degli infermi significhi scelta preferenziale della *città malata*, di quella parte di essa, cioè, che soffre a causa della debolezza propria o della malvagità altrui.

L'olio dei catecumeni esprima solidarietà e offerta di impegno con chi lotta per il pane, la casa, il lavoro. Solidarietà da tradurre in coraggiose scelte di campo. Offerta di impegno da non imbalsamare nel chiuso dei nostri buoni, ma sterili sentimenti.

Il sacro crisma indichi a tutti gli umiliati e offesi della città, ma anche agli indifferenti, ai distratti e ai peccatori, la loro incredibile dignità sacerdotale, profetica e regale.

Salire al piano superiore per non lasciarsi sedurre dalla banalità quotidiana

Salire al piano superiore significa contemplare la vita dalle postazioni prospettiche del Regno di Dio. Assumere la logica del Signore nel giudicare le vicende della storia. Allargare gli orizzonti fino agli estremi confini della terra. Non lasciarsi sedurre dall'effimero, o intristire dalla banalità del quotidiano. Introdurre nei propri criteri di valutazione la misura dei tempi lunghi.

Significa non comprimersi per i sussurri del pettegolezzo da cortile, o per le grida dello scandalo farisaico, o per l'avvilimento improvviso di un'immagine puntigliosamente curata. Superare la freddezza di un diritto senza carità, di un sillogismo senza fantasia, di un calcolo senza passione, di un *logos* senza *sophìa*. Non lasciarsi sedurre dalle programmazioni elaborate allo spasimo, e saper sorridere della nostra inettitudine costituzionale delirante di efficienza.

Salire al piano superiore significa non accontentarsi dell'armamentario delle nostre virtù umane: perché se l'istintiva docilità non diviene obbedienza allo Spirito, se l'innata bontà non tocca le sponde della comunione trinitaria, se le attese calcolate non trascendono verso i traguardi della speranza ultramondana, se l'indulgenza congenita non si trasfigura in perdono cristiano... allora si rimarrà sempre al pianterreno di un'abitazione le cui finestre non saranno mai scosse dal vento rinnovatore dello Spirito.

Santa Maria, tu sei un'inquilina così abituata al piano superiore, che il Vangelo di san Luca ti presenta sempre come la Vergine delle salite. Ti mettesti in viaggio verso la montagna per trovare Elisabetta. Salisti in Giudea, alla città di Davide chiamata Betlemme, per farti registrare nel censimento. Salisti a Gerusalemme con Gesù dodicenne e con Giuseppe per la festa di Pasqua. Salisti sul Calvario per condividere con Gesù il mistero della morte. Salisti al piano superiore con la Chiesa nascente per attendere il dono dello Spirito. E infine sei salita al cielo assunta nell'anima e nel corpo.

Puoi benissimo, allora, tirarci dalle infeconde bassure in cui ristagniamo malinconicamente da tempo e dalle quali siamo incapaci di uscire.

Tu che hai cantato Dio il quale innalza gli umili, riscattaci, ti preghiamo, da uno stile pastorale faccendiero e senza estro; da un'esperienza di preghiera richiesta dal copione e senza soprassalti di fantasia; dall'appiattimento della nostra vita interiore a livelli di banalità; dall'affanno delle cose che ci impedisce di elevarci a te; dalle ridicole manie di protagonismo che ci sollecitano non alle salite dell'impegno, ma alle scatole della carriera.

Fa' che, messo nelle nostre mani, l'olio degli infermi sollevi il dolore degli uomini, dai livelli rassegnati da «forza del destino», a dignità di scheggia della croce di Cristo.

Adòperati perché l'olio dei catecumeni, che è l'olio dei lottatori, ci aiuti a fare una lettura sapienziale, come l'hai fatta tu nel *Magnificat*, di tutti gli sforzi di liberazione che inarcano oggi la schiena del mondo.

Concedici che il crisma, che ci ha unti di Spirito Santo e ci ha assimilati a Cristo, dia a me vescovo la nostalgia delle altezze; ai presbiteri le tensioni audaci e sofferte verso i traguardi prestigiosi quasi sempre in salita; a tutti i battezzati e cresimati il richiamo provocatore della loro incredibile missione di sacerdoti, di profeti e di re. E quando il peccato ci deprime nella palude della tristezza, fa' che, quest'olio, ce lo sentiamo bollire sulla pelle, e possiamo così comprendere tutta la struggente verità delle parole di sant'Efrem: «Lo Spirito Santo ha impresso con l'olio il suo sigillo alle pecore del suo gregge... L'olio è un vero e proprio specchio. E da qualunque parte io possa osservare quest'olio, vedo lo sguardo di Cristo che splende in esso».

Essere assidui e concordi nella preghiera per incontrarsi nelle scelte operative

Non occorrono molte spiegazioni per capire che *l'assiduità* nel cammino pastorale, *la concordia* nella preghiera, *l'accoglienza* scambievole, la solidarietà nelle scelte operative, la comunione interpersonale, la stima reciproca, il rispetto dell'altro, la misericordia vicendevole nei giudizi, la crescita comunitaria senza più fughe nella notte o nel giorno, sono valori così forti che Maria sembra star lì, nel cenacolo, a covarli con la sua tenerezza di Madre.

Emerge in questa icona quella che alcuni teologi chiamano *la funzione ecclesializzante* della Madonna.

Ed è proprio qui che si innesta la visione nuova del ruolo di Maria che, in questi ultimi anni, sta decisamente traslocando, ma senza abbandonare le posizioni precedenti, dalla costellazione Cristo alla costellazione Chiesa, alla costellazione Spirito, per entrare nella galassia trinitaria, principio supremo della nostra comunione umana.

Se è vero che la Trinità è il mistero di più persone che vivono così insieme da formare un solo Dio, è anche vero che il progetto divino sull'umanità è che, pur essendo noi più persone sulla terra, abbiamo a formare un solo uomo.

E se Maria è stata indicata dai teologi medievali come «*totius Trinitatis nobile triclinium*», come colei cioè che raccoglie attorno alla stessa mensa le tre Persone divine, deve essere anche per noi colei che ci fa sperimentare lo stare insieme, nella convivialità delle differenze.

Miei cari fratelli, non vanifichiamo l'impegno di Maria.

In quest'anno di grazia a lei dedicato, altro lei non ci chiede che il superamento delle divisioni, un nuovo modo di essere Chiesa, la ricucitura di tutti gli strappi, perché la tunica inconsutile del Figlio preservi dal freddo le spalle del mondo.

Santa Maria, sposa dello Spirito, non ci far mancare la tua sollecitudine materna perché la nostra Chiesa, che talvolta vede oscillare i tratti del suo volto come nelle acque mosse dalla corrente, ricomponga presto la sua linea di bellezza nel dono dell'unità e all'eleganza dell'armonia.

Fa' che, messo nelle nostre mani, l'olio degli infermi ci riconduca ad unità, non solo quando il dolore fisico dissocia la prontezza dello Spirito dalla debolezza della carne, ma anche quando la sofferenza derivante dalle lacerazioni comunitarie ci impedisce di sperimentare l'impagabile felicità propria dei fratelli che sanno vivere insieme.

Fa' che l'olio dei catecumeni non solo ci aiuti a riannodare alle esigenti utopie del Vangelo i nostri comportamenti così poveri di coerenza, ma ci renda più agevole il sollevamento pesi dei nostri macigni spirituali, così che ogni pietra d'inciampo diventi pietra di guado.

E concedici finalmente che il sacro crisma, dopo averci consacrati come te tempio regale della Santissima Trinità, ci abiliti a riscoprirci popolo radunato nel nome del Padre, del Figlio e dello Spirito, e a divenire, così, artefici e beneficiari di quella pace, di cui tu sei proclamata indiscussa Regina.

(31 marzo 1988)

13.

UN PONTE DI CARTA

Il mestiere di vivere è duro a qualunque latitudine

Carissimi concittadini residenti all'estero

Gli impegni vanno rispettati. Soprattutto quelli che si contraggono in circostanze di particolare densità emotiva. E io personalmente ne ho contratti parecchi con voi, quando sono venuto a trovarvi in Australia o in Argentina, negli Stati Uniti o nel Venezuela, terre che ormai sono divenute a buon diritto la vostra seconda patria. Quante volte, standovi accanto nei momenti in cui traboccava la vostra passione, per ripagarvi quasi del vostro affetto, vi ho promesso che tornato a Molfetta avrei cercato di stabilire rapporti più frequenti con voi, almeno a livello di scambio di notizie!

Bene: è venuto il tempo di onorare le promesse, con questo fragile ponte di carta. Su di esso passeranno, in andata e ritorno, esperienze ed auguri, incoraggiamenti e informazioni, propositi e speranze.

Per due volte l'anno, a dicembre e a giugno, questo ponte s'incurverà sotto il peso di reciproche notizie, che ci auguriamo possano accorciare le distanze e attenuare in qualche modo i morsi della nostalgia.

Ci diremo tante cose. Voi ci potrete raccontare come va la vostra vita: i sacrifici che affrontate, i progetti che coltivate, le gioie e le sofferenze che vi portate dentro. Mentre noi che stiamo in Italia vi parleremo, sì, delle cose belle che accadono a Molfetta o a Giovinazzo, e vi informeremo degli avvenimenti di Terlizzi o di Ruvo, ma, per timore di scatenare solo ondate di rimpianti, vi comunicheremo pure i nostri problemi. E vi diremo che l'esistenza è dura anche per noi. Perché il mestiere di vivere è difficile sotto qualunque latitudine della terra.

A farci tristi non è la lontananza dalla patria

In modo particolare io, come vescovo della vostra città natale, avrò l'opportunità di farvi sentire la solidarietà della Chiesa locale che vi ricorda immancabilmente nella preghiera. E potrò anche, di volta in volta, indicarvi nel Vangelo le sorgenti di quella serenità interiore che stiamo ansiosamente inseguendo quaggiù.

Perché l'avete sperimentato pure voi: a farci felici non sono né le ricchezze, né i soldi, né gli onori. Ma è una vita limpida, guidata da un bruciante amore per il Signore e per il prossimo. E a farci tristi, non è la lontananza dalla patria. Ma la lontananza da Dio, unica terra natale che provoca nostalgie davvero insopprimibili, e unica riviera di pace sulle cui sabbie, dopo infiniti naufragi, speriamo tutti quanti di poter un giorno approdare.

Vi giunga per ora il nostro affettuoso augurio di Buon Natale e di felice anno nuovo.

Il Signore vi ponga la mano sul capo. E la Vergine Maria, Madre dolcissima, vi faccia una carezza. Anche per conto nostro.

Un abbraccio

(31 gennaio 1989)

PROTESTIAMO IN NOME DELLA COSCIENZA

Per le esecuzioni razziste in Sudafrica

— Al Presidente del Consiglio dei Ministri, Roma
— Al Ministro degli Esteri, Roma
— All'Ambasciata del Sudafrica in Italia, Roma

La notizia delle ultime esecuzioni razziste in Pretoria e della impiccagione di giovani di colore avvenuta l'altro ieri non solo ci ha fatto provare sgomento, ma ci ha dato l'amara consapevolezza che a quel capestro si volevano simbolicamente appendere le coscienze libere dei negri del Sudafrica. Dei minatori sfruttati, dei bambini seviziati, delle donne segregate, degli studenti discriminati, di tutte le vittime di quell'assurdo sistema sociale i cui tratti sono oppressione e violenza.

Se questi delitti, oltre che provocare sdegno per la sua coscienza, non la impegneranno anche per un più severo controllo sul commercio delle armi spesso dirottate al Sudafrica, per una più attiva politica a difesa dei diritti umani, e per una più convinta lotta nelle sedi internazionali competenti contro i soprusi delle *apartheid*, almeno sappia che saranno motivo della nostra fierissima protesta. Protesta che manterremo viva fino a quando il più debole dei nostri fratelli discriminati non vedrà spuntare nel cielo, oggi oscuro come la sua pelle, i segni luminosi della libertà.

✠ Antonio Bello
Presidente Nazionale di Pax Christi

14.

CONDIVISIONE, GRATUITÀ E SERVIZIO NELLA SOCIETÀ DELL'USA E GETTA

Riscoprire il senso del tempo, della famiglia e delle cose, in un dialogo con san Giuseppe nella bottega di Nazaret

Le riserve del tempo

Caro san Giuseppe, scusami se approfitto della tua ospitalità e, con un'audacia al limite della discrezione, mi fermo per una mezz'oretta nella tua bottega di falegname per scambiare quattro chiacchiere con te.

Non voglio farti perdere tempo. Vedo che ne hai così poco, e la mole di lavoro ti sovrasta. Perciò, tu continua pure a piallare il tuo legno, mentre io, seduto su una panca, in mezzo ai trucioli che profumano di resine, ti affido le mie confidenze.

Non preoccuparti neppure di rispondermi. So, del resto, che sei l'uomo del silenzio, e consegni i tuoi pensieri, profondi come le notti d'Oriente, all'eloquenza dei gesti più che a quella delle parole.

Vedi: un tempo anche da noi le botteghe degli artigiani erano il ritrovo feriale degli umili. Vi si parlava di tutto: di affari, di donne, di amori, delle stagioni, della vita, della morte. Le cronache di paese trovavano lì la loro versione ufficiale, e i redattori dell'innocuo pettegolezzo quotidiano affidavano alle rapidissime rotative degli avventori la diffusione delle ultime notizie.

Il tempo passava così lento, che gli intervalli scanditi ogni quarto d'ora dalla torre campanaria sembravano un'eternità. Ma forse, era proprio questa lusinga d'eternità a rendere preziosa un'opera d'artigianato. E a darle vita era proprio quella angosciante porzione di tempo che vi veniva racchiusa. Sembrava che la materia prima di una seggiola o di un vomere non fosse tanto il legno o il ferro, ma il tempo. E che la fatica del fabbro o del carpentiere, del sarto o del calzolaio, fosse quella di addomesticare le ore e i giorni, comprimendoli nel mistero dell'effimero, e creandosi così, per un istinto di conservazione, riserve di tempo negli otri delle cose prodotte dalle sue mani. Il tempo allora, imprigionato nella materia come l'anima nel corpo, ruggiva dentro un oggetto e gli dava movenze di vita, se non proprio l'accento della parola.

Le cose nascevano, perciò, lentamente e con i tratti di una fisionomia irripetibile. Come un figlio. Prima, un atto d'amore, dolcissimo e breve. Poi nove mesi.

Non si genera più

Oggi, purtroppo, qui da noi, di botteghe ne sono rimaste veramente poche. Al loro posto sono subentrate le grandi aziende di consumo.

Non si genera più. O meglio, si concepisce solo l'archetipo. Ma senza passione, e con molto calcolo. L'archetipo poi, questo sordido ermafrodita, riproduce con ritmi di allucinante celerità squallidi sosia, con l'unico desiderio che campino poco.

Ed eccoli allineati, questi elegantissimi mostriciattoli dalla vita breve. Belli, ma senz'anima. Perfetti, ma senza identità. Lucidi, ma indistinti. Non parlano. Perché non sono frutto di amore. Non vibrano, perché nelle loro vene non ci sono più i fremiti del tempo prigioniero.

Sì, Giuseppe, è proprio questa anemia di tempo che rende gelide le nostre opere.

Ecco, attraverso l'uscio socchiuso, scorgo di là Maria intenta a ricamare un panno bellissimo, senza cuciture, tessuto tutto d'un pezzo da cima a fondo. Probabilmente è la tunica di Gesù per quando sarà grande: gliela prepara fin d'ora, già prima che lui nasca.

Io non me ne intendo, e perciò non so se gli arabeschi che disegna con l'ago siano fatti a punto erba, o a punto spina, o a punto ombra. Forse sono fatti a punto croce.

Una cosa, però, intuisco: che quando tuo figlio indosserà quella tunica, lui, l'eterno, si sentirà le spalle amorosamente protette dal fragile tempo di sua Madre.

Povera Maria. A Gesù, vorrebbe dargliela tutta intera la sua vita. Ma non può. Allora gliene regala una porzione, racchiusa nello scrigno di quella tunica.

Forse un giorno, proprio per questo, sulla cima del Golgota, gli uomini della croce non vorranno lacerarla.

Oggi da noi, anche i ricami vengono fatti in serie. C'è una ditta la quale ha inventato una macchina che fa «i punti perfetti»: e non soltanto quelli!... E se tu, dopo aver comprato in un negozio della città di san Francesco un guanciale disegnato a punto Assisi, la notte pensi di poggiare il capo su un frammento di tempo regalatoti da una anonima ricamatrice, bella come santa Chiara, ti illudi amaramente.

Questo è forse il scrilegio più grave della nostra civiltà. Abbiamo creduto che per fare un tavolo sia sufficiente il legno. O Dio, riusciamo pure ad ammettere che per fare il legno ci vuole l'albero, e che per fare l'albero ci vuole il seme e, perfino, che per fare il seme ci vuole il fiore. Ma non abbiamo più il coraggio di concludere che per fare un tavolo ci vuole un fiore, e lo lasciamo dire solo ai poeti.

Non si ripara più

Ma se oggi, qui da noi, di botteghe artigiane è rimasto solo qualche nostalgico scampolo, non è tanto perché non si genera più, quanto perché ormai non si ripara più nulla.

Vedi, Giuseppe. In questi pochi minuti dacché sto parlando con te, sono già entrati nella bottega un bambino in lacrime con la ruzzola a cui rifare l'asse, una vecchietta con la scranna da impagliare di nuovo, un contadino col mastello a cui si è infracidita una doga, un carrettiere col mozzo della ruota che si è sgranato dai raggi.

Da noi, non si usa più. Quando un oggetto si è anche leggermente incrinato nella sua funzionalità, lo si mette da parte senza appello. Del resto, se nelle sue viscere non racchiude un'anima d'amore, per quale scopo accanirsi nel ridare la vita a un corpo già nato cadavere?

La nostra, la chiamano perciò *la civiltà dell'usa e getta.*

Al televisore che sta in cucina si è fulminata una valvola? Niente paura: viene messo da parte e sostituito con un altro che ha il videoregistratore incorporato.

Alla bambola, che sembra sia stata sorpresa da un colpo apoplettico, si sono scaricate le pile? Portala al bidone della spazzatura. Ne acquisteremo una di quelle che sono vendute con tanto di certificato di nascita, si sposano, fanno l'amore, e vanno ai campeggi estivi.

Al fucile-giocattolo, regalato al bambino il giorno di Natale, è caduta la vite del grilletto? Presto fatto. Per Capodanno sarà pronto un mitra, col nastro delle pallottole a doppio carrello. E se il nastro si inceppa, per la Befana ecco un sottomarino lanciamissili con la verifica computerizzata degli obiettivi colpiti.

Una «carità» che provoca indignazione

Alla giacca di fustagno è caduto un bottone? Al soprabito di velluto si è scucita la fodera? Al reggiseno di pizzo si è allentato l'elastico? A un paio di sandali si è staccata la fibbia? Non vale la spesa ripararli. Porta via al macero, senza scrupoli. Anzi, no: un momento! Tra giorni passeranno quelli della Caritas parrocchiale. Che fortuna: con una fava prendiamo due piccioni. Intanto, senza spendere una lira, ci liberiamo il guardaroba da ingombri fastidiosi. E poi, diamine!

aiutiamo la gente, facendo contento il Signore, il quale ha detto che i poveri li avremo sempre con noi. Un angolo di paradiso, un giorno, non ce lo negherà certamente, visto che ce lo stiamo accaparrando sia pure con i riciclaggi delle nostre cose superflue.

Ma che c'è, Giuseppe? Vedo che ti sei fermato col martello brandito a mezz'aria, e i tuoi occhi dolenti mi trafiggon con uno sguardo di disgusto!

Ho capito: quel tuo sguardo vuol dire: «Mi fate pietà. Altro che usa e getta. Valicando davvero ogni limite, avete invertito la frase in getta e usa, visto che siete così abietti da snaturare perfino l'intima essenza della carità, piegandola alla vostra libidine di possesso».

Sì, hai ragione, falegname di Nazaret. Siamo proprio giunti a tale grado di perfidia, che pretendiamo di elevare a livelli di purezza i liquami delle nostre cupidigie, traffichiamo, ci illudiamo di riscattarci dal nostro interminabile inverno dell'amore.

E guarda che non ti ho detto tutto, perché ho ancora paura di quel martello che è rimasto brandito a mezz'aria. Se, infatti, dovessi raccontarti di certe operazioni filantropiche tenute a battesimo dalla televisione, son sicuro che metterei a dura prova la tua tenuta di uomo non violento. Che vuoi farci! Questi, sì, sono i misteri buffi che dovrebbero scatenare la nostra indignazione, e nel cui oceano stiamo tutti facendo naufragio!

Non si carezza più

Ma se oggi, qui da noi, in questo crepuscolo tormentato del secolo ventesimo, le botteghe artigiane sono pressoché sparite, non è solo perché non si genera più, e neppure perché non si ripara più nulla. È perché non c'è più tempo per la carezza.

Mi spiego. Vedi, Giuseppe, da quando sono entrato nella tua bottega, quante carezze non hai fatte su quel legno denudato dalla pialla!

Tutte le volte che l'hai strisciato con il ferro, subito vi sei passato sopra con la mano, leggera come la luce che trema sull'acqua: non saprei bene se per proteggerne la verecondia; o per velargli, un attimo appena, la bianca intimità; o per compensare con un gesto di tenerezza il trauma della violenza. E anche ora, mentre ti parlo, passi e ripassi con le dita sugli spigoli smussati dallo scalpello, e ne levighi le asprezze, col medesimo amore con cui la pecora madre asciuga con la lingua l'agnello appena nato.

Poi cicatrizzi le ferite del legno, provocate dal trapano e dai chiodi, con gli stucchi, canforati come unguenti d'Arabia. Vi stendi sopra il balsamo delle vernici, che impregnano l'aria d'un acre profumo, e continui a blandire con la colla gli assi di faggio che ora luccicano come uno specchio.

Quante carezze: con le palme della mano, con i pennelli, con le spatole, con gli occhi. Sì, anche con gli occhi, perché, ora che hai finito una culla, sei tu che non ti stanchi di cullarla con lo sguardo.

Oggi, purtroppo, da noi non si carezza più. Si consuma solo. Anzi, si concupisce. Le mani, incapaci di dono, sono divenute artigli. Le braccia, troppo lunghe per amplessi oblativi, si sono ridotte a rostri che uncinano senza pietà. Gli occhi, prosciugati di lacrime e inabili alla contemplazione, si son fatti rapaci. Lo sguardo trasuda delirio. E il dogma dell'usa e getta è divenuto il cardine di un cinico sistema binario, che regola le aritmetiche del tornaconto e gestisce l'ufficio ragioneria dei nostri comportamenti quotidiani.

Perciò si violenta tutto.

E non soltanto le cose, il cui spessore di sostanza si è così rinsecchito da lasciar vibrare solo l'immagine esteriore.

Ma anche le persone. Queste valgono finché producono. Quando non ti danno più nulla, le molli, magari con tutte le cautele ipocrite della giustizia: gli alimenti alla moglie abbandonata, il mensile per il figlio chiuso in collegio, la retta per i genitori affidati al cronicario.

I poveri vengono blanditi finché servono come gradini per le scalate di potere: dopo, allorché non sono più funzionali ai miraggi rampanti della carriera, non li si guarda nemmeno in faccia.

Il corpo, poi, degradato a merce di scambio, è divenuto spazio pubblicitario e manichino per prodotti di consumo. L'eros mercantile corrode alla radice i rapporti interumani, sgretola la comunione, frantuma l'intimità, irride la famiglia, commercializza la donna, e, con i postulati di marketing degli spot televisivi, spersonalizza irrimediabilmente la sessualità riducendola a una variabile della cupidigia di potere.

Non c'è da meravigliarsi, perciò, che, tra le allucinanti simbologie di questa civiltà dei consumi, Rambo costituisca la testa di serie nelle graduatorie più gettonate della violenza. E tanto meno c'è da scandalizzarsi, stando così le cose, che il presidente Reagan abbia detto, sia pure scherzando, che, dopo aver visto Rambo, sa che cosa fare la prossima volta che dei cittadini americani verrano presi in ostaggio.

Sposo, padre e servo

Vedo, però, che si fa tardi. Il sole, calando sulla pianura di Esdrelon, illumina di porpora gli ultimi contrafforti dei monti di Galilea. E io ancora non ti ho detto la ragione fondamentale per la quale sono venuto qui da te.

No, non è per affliggerti con le lamentazioni mistiche sulla cattiveria dei tempi, e neppure per evitare gli incroci pericolosi della mia civiltà, che ho trovato rifugio sentimentale nell'oasi della tua bottega dove, tra tenaglie, lime e seghetti, attaccati in bella mostra alle pareti, sono rimasti attaccati anche i ricordi del tempo che fu. Anzi, se ti ho dato questa impressione di fuga all'indietro, non giudicarmi un introverso pure tu, vittima magari d'un improvviso *raptus* da regressione: bastano già gli psicanalisti che abbiamo noi, di fronte ai quali devi difenderti dai tuoi stessi sentimenti, se non vuoi finire nella morsa della loro logica, impietosa almeno quanto la morsa che sta sul tuo bancone di falegname.

Mio caro san Giuseppe, io sono venuto qui, soprattutto,

per conoscerti meglio come sposo di Maria, come padre di Gesù, e come capofamiglia per la quale hai consacrato tutta la vita. E ti dico subito che la formula di condivisione espressa da te come marito di una vergine, la trama di gratuità realizzata come padre del Cristo, e lo stile di servizio messo in atto come responsabile della tua casa, mi hanno da sempre così incuriosito, che ora non solo vorrei saperne qualcosa di più, ma mi piacerebbe capire in che misura questi paradigmi comportamentali siano trasferibili nella nostra civiltà dell'usa e getta.

Il domani della speranza

Dimmi, Giuseppe, quand'è che hai conosciuto Maria? Forse un mattino di primavera, mentre tornava dalla fontana del villaggio con l'anfora sul capo e con la mano sul fianco, snello come lo stelo di un fiordaliso?

O forse un giorno di sabato, mentre con le fanciulle di Nazaret conversava in disparte sotto l'arco della sinagoga?

O forse un meriggio d'estate, in un campo di grano, mentre, abbassando gli occhi splendidi per non rivelare il pudore della povertà, si adattava all'umiliante mestiere di spigolatrice?

Quando ti ha ricambiato il sorriso e ti ha sfiorato il capo con la prima carezza, che forse era la sua prima benedizione e tu non lo sapevi; e poi tu la notte hai intriso il cuscino con lacrime di felicità?

Ti scriveva lettere d'amore? Forse sì; e il sorriso, con cui accompagni il cenno degli occhi verso l'armadio delle tinte e delle vernici, mi fa capire che in uno di quei barattoli vuoti, che ormai non si aprono più, ne conservi ancora qualcuna.

Poi una notte, hai preso il coraggio a due mani, sei andato sotto la sua finestra, profumata di basilico e di menta, e le hai cantato sommessamente le strofe del Cantico dei cantici: «*Alzati, amica mia, mia bella e vieni! Perché, ecco, l'inverno è passato, è cessata la pioggia, se n'è andata. I fiori sono apparsi nei campi, il tempo del canto è tornato e la voce della tortora ancora si fa sentire nella nostra campagna. Il fico ha messo fuori i primi frutti e le viti fiorite spandono fragranza. Alzati, amica mia, mia bella e vieni! O mia colomba, che stai nelle fenditure della roccia, nei nascondigli dei dirupi, mostrami il tuo viso, fammi sentire la tua voce, perché la tua voce è soave e il tuo viso è leggiadro*» (Ct 2,10-14).

E la tua amica, la tua bella, la tua colomba si è alzata davvero. È venuta sulla strada, facendoti trasalire. Ti ha preso la mano nella sua e, mentre il cuore ti scoppiava nel petto, ti ha confidato lì, sotto le stelle, un grande segreto.

Solo tu, il sognatore, potevi capirla. Ti ha parlato di Jhwh. Di un angelo del Signore. Di un mistero nascosto nei secoli e ora nascosto nel suo grembo. Di un progetto più grande dell'universo e più alto del firmamento che vi sovrastava.

Poi ti ha chiesto di uscire dalla sua vita, di dirle addio, e di dimenticarla per sempre.

Fu allora che la stringesti per la prima volta al cuore, e le dicesti tremando: «Per me, rinuncio volentieri ai miei piani. Voglio condividere i tuoi, Maria. Purché mi faccia stare con te». Lei ti rispose di sì, e tu le sfiorasti il grembo con una carezza: era la tua prima benedizione sulla Chiesa nascente.

Spero che, dietro quegli assi di castagno appoggiati alla parete, non ci sia nascosto qualche rabbino esperto di teologia, se no troverà anche lui un buon capo d'accusa per deferirmi davanti all'arcisinagogo. Ma io penso che hai avuto più coraggio tu a condividere il progetto di Maria, di quanto ne abbia avuto lei a condividere il progetto del Signore. Lei ha puntato tutto sull'onnipotenza del Creatore. Tu hai scommesso tutto sulla fragilità di una creatura. Lei ha avuto più fede, ma tu hai avuto più speranza. La carità ha fatto il resto, in te e in lei.

Il pane degli ingordi e la fame dei poveri

Ma ora, Giuseppe, cambiamo discorso.

Sta arrivando una donna dal forno. Ecco, ti ha portato del pane, e la bottega si è subito riempita di fragranza.

Frattanto, colgo il destro di questa interruzione per osservare che sono davvero fortunato, dal momento che il Signore mi sta mettendo sotto gli occhi i simboli giusti nel momento giusto.

Stavamo parlando di condivisione, ed eccone il segno più classico: il pane.

Si direbbe che il pane, più che per nutrire, è nato per essere condiviso. Con gli amici, con i poveri, con i pellegrini, con gli ospiti di passaggio. Spezzato sulla tavola, cementa la comunione dei commensali. Deposto nel fondo di una bisaccia, riconcilia il viandante con la vita. Offerto in elemosina al mendicante, gli regala un'esperienza, sia pur fugace, di fraternità. Donato a chi bussa di notte nel bisogno, oltre a quella dello stomaco placa anche la fame dello spirito, che è fame di solidarietà. Raccolto nelle sporte, dopo un pasto miracoloso sull'erba verde, sta ad indicare che a chi sa fare la divisione, riesce bene anche la moltiplicazione.

È proprio vero, Giuseppe. Il pane è il sacramento più giusto del tuo vincolo con Maria. Lei morde quello di frumento, procuratole da te col sudore della fronte. Tu mordi il pane del suo destino che l'ha resa Madre del Figlio di Dio.

È per questo che per noi, o falegname di Nazaret, tu sei provocatore di condivisioni generose e assurde, appassionate e temerarie, al centro della sapienza e al limite della follia.

Insegnaci, allora, a condividere.

Purtroppo, in questo nostro mondo, dove cinquanta milioni di persone muoiono ogni anno per fame, il pane, da segno di comunione, si è trasformato in simbolo della scomunica, ed è divenuto il discrimine sul cui filo passa la logica della guerra.

Viene accaparrato dagli ingordi, non condiviso con i poveri. Ammuffisce nelle credenze degli avidi, non allieta la madia degli umili. Si accumula negli artigli di pochi, non si distribuisce sulle bocche di tutti. Sovrabbonda nei bidoni della spazzatura d'Europa, ma è sparito sulle mense desolate dell'Eritrea. Trabocca senza pudore negli opulenti cenoni del Nord, ma è sogno proibito per tutti i Sud della terra. Viene diviso anche (sì, viene diviso) come gesto munifico di regalità, ma non viene restituito a chi ne ha diritto coi canti gregoriani della penitenza e in nome della giustizia.

Hai mai sentito dire, Giuseppe, che, se i ghiacciai eterni dell'Ermon si sciogliessero d'incanto, le acque sprofonderebbero a valle con paurose tracimazioni, il lago di Tiberiade diventerebbe un mare, il Giordano straripererebbe rompendo gli argini, e l'arsura della intera Palestina verrebbe per sempre placata?

E allora, visto che presso l'Altissimo ce ne sono pochi di santi così referenziati come te, perché non provochi un fenomeno simile scongelando le ricchezze dalle mani di pochi e travolgendo la terra in un cataclisma di pane?

E se questo ti sembra un miracolo troppo grosso per i tuoi mezzi, perché almeno non persuadi la Chiesa del Duemila a farsi carico con più fiducia della sorte degli umili, non solo spartendo le sue ricchezze con i poveri, ma soprattutto condividendo la miseria degli esclusi?

Oggi più che mai, vogliamo sperimentarti così quale «*Protector sanctae Ecclesiae*»: Protettore della Chiesa dei derelitti, degli emarginati, dei violentati, dei Palestinesi, dei Marocchini, dei terzomondiali, degli sfrattati, degli sfruttati, dei prigionieri e degli inquilini di tutte le più squallide periferie dell'umanità.

Il vino della gratuità

Capisco che, se non mi rispondi, non è solo perché tu sei l'uomo del silenzio, ma anche perché la fornaia si è attardata nella tua bottega. Ha visto la culla e non ha smesso di contemplarla un istante.

Poi si è curvata, ha steso il mantello per terra e l'ha riempito di trucioli e di segatura, di ritagli e di assicelle.

Ogni sera così: lei fa carico per accendere il forno, e a te rimane il pavimento pulito e sul bancone un pane di granturco per la cena.

Ma, a proposito, ora che siamo rimasti soli, vuoi spiegarmi, Giuseppe, come hai accolto il mistero di quella culla? E perché mai tu, l'uomo dei sogni, torni ogni tanto verso quel piccolo nido di legno, e trattieni il respiro, e tendi l'orecchio illudendoti di ascoltare il vagito?

Oh, figlio della casa di Davide, raffrena la tua impazienza. Il bambino che sta per nascere è, sì, un Dio gratuito. Tanto gratuito, che spunterà «come rugiada sul vello»; ma tu devi attendere ancora! E anche la culla deve attendere. Anzi, non rimanerci male se ti dico che quel nido, costruito da te con tanta tenerezza, resterà vuoto per sempre: sarà troppo piccolo per tuo figlio, quando egli, dopo tanto peregrinare, metterà piede finalmente nella tua casa. Da ben altro legno del resto (ma stavolta non spetterà a te levigarlo), e in ben altro crepuscolo, saranno cullate le membra del Dio fatto uomo!

Vedo che la notizia non ti turba gran che. Hai così tanto imparato dalla gratuità purissima di Dio, da non provare il minimo sgomento al pensiero che la tua fatica non sarà compensata neppure dalla soddisfazione di sentirti utile a qualcosa. Culla o gregge, non t'importa. Non pretendi neppure contropartite affettive. E continui ad attendere come dono, come semplice dono, da nulla provocato se non dalla sua stessa liberalità, il tuo imprevedibile Dio:

«*O cieli, piovete dall'alto.*
O nubi, mandateci il Santo.
O terra, apriti, o terra,
e germina il Salvatore» (cfr. Is 45,8).

Anche la tua vita si è fatta dono.

Un dono così grande, che in paragone quello filtrato dal seme corruttibile della carne sembra appena l'acconto di un avaro.

Un dono così libero, che tutte le paternità messe insieme dai titolari della tua genealogia non pareggiano il tuo diritto di chiamarti padre di Gesù.

Un dono così radicale, che, pur custodendo la verginità di Maria, ti fa una sola carne con lei infinitamente più di quanto non siano tutt'uno due sposi nel momento supremo dell'amore.

Un dono così gioioso, che la tua contabilità non è segnata su registri a partita doppia: contempla solo la voce in uscita.

Tu non chiedi nulla per te, neppure da Dio. Ma non per orgoglio: per sovraccarico d'amore. Dai tutto senza calcolo, e non accantoni oggi frammenti oscuri di tempo allo scopo di ritirare domani interessi di gloria per l'eternità.

Sssst... Giuseppe: un carro si è fermato alla tua porta. Entra un uomo, molto stanco, e poggia sul bancone un piccolo otre di vino.

«Ho attraversato tutta la Giudea e la Samaria, e debbo raggiungere, prima che sia notte, la terra di Zabulon. Ti ho portato un po' di vino, dalle vigne di Engaddi, laggiù presso il Mar Morto. È di quello buono. Bevilo alla mia salute con la tua sposa. So che aspettate un figlio».

Beh, stasera il Signore vuole mostrarsi particolarmente generoso anche con me, perché mi ha messo sotto gli occhi il simbolo della gratuità e della festa.

Dopo il pane, ecco il vino che rallegra il cuore dell'uomo.

Ma... vedo, Giuseppe, che ti accingi a chiudere, perché hai preso un orciolo di terracotta e stai uscendo per riempirlo d'acqua alla fonte vicina.

Io allora approfitto della tua assenza per leggere in negativo quel simbolo della letizia poggiato sul bancone, e chiedermi se per caso questa mia irruzione di stasera nella tua bottega di Nazaret non sia stata l'evasione puramente letteraria in un mondo che, con quello in cui mi tocca vivere, non ha nulla da spartire.

Ci vuole, infatti, quando per noi è divenuto l'emblema drammatico dell'evasione e della fuga, che accomuna i tossici agli alcolisti, gli ultras ai barboni.

Ma perché mai il vino si è pervertito in idolo fascinoso per chi getta le armi e rinuncia a un'esistenza troppo faticosa da vivere?

Il motivo c'è: abbiamo smarrito l'ebbrezza della gratuità e ci è rimasta solo l'ebbrezza dell'alcool!

Sicché in un mondo regolato dai petrodollari, angosciato dai crolli di Wall Street, retto dalle bilance dei pagamenti, che flirta con la speculazione, che si infischia dei debiti dei popoli in via di «sottosviluppo», che si lascia sedurre dalla massimizzazione del profitto, che monetizza perfino il rischio delle popolazioni i cui terreni sono espropriati per farne basi militari, che sfrutta i poveri col traffico delle armi, che è sordo alle esigenze di un nuovo ordine economico internazionale... come può esplodere la gioia? Ci si lascia vivere.

Si amoreggia col fatalismo. Ci si appiattisce in un'esistenza che scorre, senza più stupore, senza più spessore, come le immagini sul video. E noi compiamo le nostre scelte come se spingessimo i tasti di un telecomando: crediamo di scegliere, e invece siamo scelti.

Si muore per anemia cronica di gioia. Si moltiplicano le feste, ma manca la festa. E le letizie diventano sbornie; gli incontri, frastuoni; e i rapporti umani, orge da lupanari.

L'acqua dell'amore

Meno male, Giuseppe, che hai fatto presto a tornare dalla fonte. Vedi, in tua assenza, sono stato colto da un pauroso deficit di speranza e ho temuto, addirittura, di dover uscire dalla tua bottega per la tangente del pessimismo.

Ma ora che sei rientrato, anche il vino di Engaddi torna a rosseggiare di letizia pasquale e risplende come simbolo della festa. Bevilo con Maria alla salute del carrettiere che te l'ha regalato; ma anche alla buona fortuna di tuo figlio che sta per nascere. Un giorno egli farà scorrere il vino sulle mense dei poveri, e sceglierà il succo della vite come sacramento del sabato eterno.

Anzi, se non ti dispiace, mettimene un poco in quel boccale di creta. Me lo voglio portare come ricordo di quest'incontro.

E anche di quell'acqua che sgocciola ancora sul pavimento, dammene un poco. Non è acqua inquinata. Le piogge acide, le discariche industriali, e gli additivi chimici l'hanno ancora preservata, lasciandola come simbolo di purezza e di armonia ecologica. Dammi della tua acqua,

«*la quale è multo utile, et humile, et pretiosa et casta*».

Ma dammela, soprattutto, perché, da quando tuo figlio la userà per lavare i piedi ai suoi amici in una sera di tradimenti nel mese di Nisan, diverrà il simbolo di un servizio d'amore, che è la spiegazione segreta della condivisione, della gratuità e della festa.

E, visto che ci siamo, dammi anche di quel pane. Non tutto. Spezzalo, Giuseppe. Condividilo con me. Un giorno anche tuo figlio lo spezzerà, prima di morire. E la speranza traboccherà sulla terra.

L'acqua, il vino, il pane. La trilogia di una esistenza ridotta all'esistenza. Li porterò con me, nella bisaccia del pellegrino. Mi serviranno tanto sulla mia strada di viandante un po' stanco.

E serviranno tanto alla mia Chiesa. Anzi, quando mi chiederà qualcosa, spero di non aver null'altro da darle che questo: né denaro, né prestigio, né potere. Ma solo acqua, vino e pane.

Si è fatto tardi, Giuseppe. Nella piazza non c'è più nessuno. I grilli cantano sul cedro del tuo giardino. Nelle case, le famiglie recitano lo «*Shemà Israel: Ricorda Israele...*». E tra poco Nazaret si addormenterà sotto la luna.

Di là, vicino al fuoco, la cena è pronta. Cena di povera gente. L'acqua della fonte. Il pane di giornata, e il vino di Engaddi.

E poi c'è Maria che ti aspetta.

Ti prego: quando entri da lei, sfiorala con un bacio. Falle una carezza pure per me. E dille che anch'io le voglio bene. Da morire.

Buona notte, Giuseppe!

(18 gennaio 1988)

UN UNICEF ROVESCIATO PER IL TERZO MONDO DELLA MORALE

Ci sono anche i «cenoni» dei buoni sentimenti. E durante le feste natalizie ne abbiamo consumati parecchi. Un po' tutti. Meno male. Ce li ha approntati la televisione, con i riferimenti alle tristissime situazioni di fame, di malattia, di disperazione presenti nel mondo, a carico soprattutto dei bambini. Che raggelante spettacolo!... Ma c'è tanto gelo in noi perché c'è la fame nel mondo, o c'è la fame nel mondo perché c'è il gelo dentro di noi?

Cari bambini del Terzo Mondo, che aspettate a costituire un organismo internazionale che raccolga fondi a favore degli adulti occidentali? Sì, una specie di UNICEF rovesciato, i cui protagonisti siate voi e destinatari siano i grandi.

Perché, vedete, la televisione ci mostra ogni tanto i corpi denutriti dei bambini di Etiopia. Ci presenta le membra di tanti innocenti disfatte dalla miseria. Pretende di commuoverci con le immagini di innumerevoli creature scarnificate dalla malattia. Ci ferma la digestione con le sequenze di fanciulli devastati dalla fame nel Sudan o nell'Amazzonia, nel Bangladesh o nello Shri Lanka.

Ma se ci fossero gli strumenti adatti per portare sullo schermo le piaghe dell'anima adulta, sono certo che sareste voi a muovervi a pietà. E quegli occhi immensi, l'unica cosa splendida che vi è rimasta sul corpo martoriato, si spalancherebbero ancora di più in un *raptus* di compassione.

Fate presto, bambini.

Inventate una specie di UNICEF a favore degli adulti.

Finanziate per noi, con una questua di valori umani, un programma di emergenza alimentare, di cui siano companatico la tenerezza e la giustizia.

Istituite un fondo internazionale di speranza.

Raccogliete gli scampoli superflui della vostra innocenza, i ritagli della vostra limpidezza, gli spezzoni eccedenti della vostra voglia di vivere. Ne avete tanta!

Fate una colletta dei vostri sogni impossibili.

Raccontate i residui delle vostre illusioni.

E inviateci subito il pacco dono della vostra misericordia. A noi adulti è più necessario di quanto non siano necessari a voi i contenitori confezionati delle nostre proteine.

Perché voi, bambini del Terzo Mondo, avete bisogno delle nostre calorie. Ma noi grandi, figli dell'opulenza e inquilini di uno squallido Terzo Mondo morale, abbiamo bisogno del vostro calore.

Fate presto, perché qui si muore.

15.

CON SOBRIETÀ, GIUSTIZIA E PIETÀ

Quando i partiti si ubriacano nella partitocrazia e la giustizia diventa un privilegio

Dal tribunale di Betlemme si esce rinnovati

Il Natale ci chiama a rapporto ogni anno. Provoca, cioè, così profondamente la coscienza a misurarsi con le forti idealità soggiacenti alla nostra vicenda umana, che è come se ci sentissimo citati in tribunale. Un tribunale, però, che non incute paura. Non tanto perché, invece che in un austero palazzo di giustizia, dobbiamo entrare in una grotta, dove, al posto della cattedra del magistrato, sovrasta una mangiatoia.

E neppure perché, invece che di fronte a un giudice dallo sguardo sospettoso, ci troviamo di fronte a un bambino inerme che, senza codici penali tra le mani, ci sorride e ci intenerisce. No!

È perché siamo certi che da questo tribunale non ce ne usciamo con le pesanti condanne che, a norma di tutti gli articoli della legge di Dio, pure meriteremmo per il nostro testardo e recidivo delinquere.

Anzi, ce ne veniamo fuori ogni volta interiormente rinnovati e con un fascio di speranze. La speranza che le cose possono ancora cambiare. Che sulla nostra irrecuperabilità non è detta l'ultima parola. Che la sentenza sulla nostra bancarotta spirituale non è passata ancora in giudizio. Che c'è chi continua a fare affidamento sulla nostra ripresa, e che, comunque, anche quando è costretto a pronunciarsi contro, ci sospende il rigore della pena con ripetute condizioni di favore.

Nascita di Gesù e rinascita dell'uomo

La festa della nascita di Gesù diventa così per noi stimolo per la nostra rinascita.

E se per tutti, angariati come siamo dallo stress delle cose inutili, la povertà del Figlio di Dio si fa vortice di nostalgie e richiamo all'essenziale, per voi politici, in particolare, la culla di Betlemme si trasforma in provocazione permanente a quei valori che hanno cullato gli esordi del vostro impegno sociale e che forse, inavvertitamente, avete smarrito per via.

Risuonerà, nella Messa di mezzanotte, una splendida espressione di san Paolo, tratta dalla lettera a Tito, che dice così: «*È apparsa la grazia di Dio, apportatrice di salvezza per tutti gli uomini, che ci insegna a rinnegare l'empietà e i desideri mondani e a vivere con sobrietà, giustizia e pietà in questo mondo, nell'attesa della beata speranza e della manifestazione della gloria del nostro grande Dio e salvatore Gesù Cristo*» (Tt 2,11-13).

Vivere con sobrietà, giustizia e pietà. Mi sembra un forte articolato attorno a cui schematizzare la nostra revisione di vita.

Sobrietà personale

Il termine *sobrietà* traduce una parola greca più complessa e più ricca, che corrisponde a *saggezza, equilibrio, padronanza di sé, moderazione, temperanza*. Sobrio è colui che non è ebbro. Sobrietà è l'opposto di ubriachezza.

Non è difficile, pertanto, intuire quale arcipelago di atteggiamenti morali viene evocato quando, parlando a uomini immersi nell'attività politica, li si esorta a vivere con sobrietà.

Non ubriacarsi di potere. Non esaltarsi per un successo. Non montarsi il capo con i fumi della gloria. Guardarsi dal capogiro dei soldi e della carriera. Coltivare religiosamente l'autocoscienza del limite. Evitare la sbornia delle promesse. Mantenere l'equilibrio nel vortice delle passioni. Preservarsi dalle vertigini che può dare il potere d'acquisto della propria parola, sul tavolo delle spartizioni e dei compromessi.

C'è un passo biblico molto significativo, nel libro dei Proverbi, che vieta espressamente il vino a coloro che stanno a capo di un popolo: «*Non conviene ai re bere il vino, né ai principi bramare bevande inebrianti, per paura che, bevendo, dimentichino i loro decreti e tradiscano il diritto di tutti gli afflitti*» (Pro 31,4-5).

Ovviamente, sotto la proibizione del vino materiale, si vogliono mettere in guardia gli uomini di governo da tutto ciò che — come si suol dire — può dare alla testa. Nessuno più di loro, infatti, è esposto alla tentazione dei *fumi* e al conseguente pericolo di provocare, con ubriacature morali, l'oblio delle leggi e il tradimento dei poveri.

Da queste considerazioni, deve scattare per voi una sincera revisione critica dei vostri comportamenti pubblici, che vi porti a ripudiare ogni intemperanza di potere, ad aborrire dall'esercizio smodato dell'autorità, a convincervi umilmente che anche senza di voi il mondo riesce a sopravvivere, e a ritrovare l'equilibrio nelle parole del Signore: «*Quando avrete fatto tutto quello che vi è stato ordinato, dite: Siamo servi inutili. Abbiamo fatto quanto dovevamo fare*» (Lc 17,10).

Sobrietà comunitaria e partitocrazia

Se, però, l'invito alla sobrietà chiama in causa il comportamento dei singoli, non si esaurisce certo alla sfera personale, ma tocca anche un processo degenerativo comunitario, in atto nel sistema politico nazionale, che provoca riverberi funesti perfino nelle nostre città. Ed è la *partitocrazia*, che potremmo chiamare l'ubriachezza dei partiti.

I partiti, secondo la carta costituzionale, dovrebbero essere i cosiddetti corpi intermedi la cui funzione è paragonabile a quella che il fusto svolge nella pianta.

Il nostro modello di Stato sociale, infatti, assomiglia proprio a un albero, le cui radici sono costituite dal popolo e i cui rami sono dati dalle pubbliche istituzioni.

Il compito del fusto, cioè dei partiti, è quello di raccogliere e coordinare le istanze vive della base per tradurle in domanda politica organica che vada a innervarsi sui rami.

I cittadini, quindi, sia singolarmente presi, sia associati in raggruppamenti primari detti «mondi vitali», sono le radici del sistema in quanto detengono la sovranità e delegano il potere ai loro rappresentanti affinché lo esercitino nell'interesse del bene comune. I partiti, invece, hanno il compito di incanalare le spinte sociali diverse organizzando il consenso popolare intorno a una determinata politica.

La politica, perciò, secondo una splendida espressione dei vescovi francesi, può essere definita «coagulante sociale», in quanto stringe forze diverse attorno a un medesimo progetto.

È successo però, purtroppo, che il fusto è impazzito a danno delle radici e dei rami.

I partiti si sono ubriacati

Verso il basso, hanno espropriato i cittadini e i «mondi vitali» di alcune loro mansioni primarie, assorbendo per esempio l'informazione, l'editoria, la cultura, lo spettacolo, e spesso condizionando la vita di gruppi e associazioni.

Verso l'alto, hanno invaso quasi tutte le istituzioni dello Stato, non solo lottizzandosi gli enti pubblici esclusivamente secondo criteri di appartenenza politica, ma anche mitizzando la disciplina di partito (se non addirittura di corrente) a scapito della coscienza individuale e snervando perfino la sovranità del Parlamento, sempre più ridotto a cassa di risonanza per accordi presi al di fuori di esso.

Non è più lo Stato sociale, ma lo Stato dei partiti. Le conseguenze di questo corto circuito sono drammatiche. Da una parte, i problemi ristagnano, i progetti parcheggiano, gli intoppi burocratici si infittiscono, e perfino certe provvidenze di legge si incagliano sui fondali della sclerosi amministrativa, si usurano negli intrighi delle clientele, e naufragano nel gioco delle correnti. Dall'altra parte, cala la fiducia nella politica, visto che è stata ridotta dalla partitocrazia non a coagulante ma a dissolvente sociale. L'opinione pubblica accentua sempre più la tendenza ad angelicare la società e a demonizzare lo Stato.

I giovani, pur sentendo una vivissima vocazione alla solidarietà, preferiscono riversare il loro impegno nel volontariato: questo sta a dire che rifiutano ormai le semplici proposte di gestione e cercano altrove i laboratori per la rigenerazione dell'*humus* etico della politica.

Si tirano indietro anche gli adulti, disgustati dallo spettacolo dei partiti che, abusando di reciproche interdizioni per osceni motivi di ingordigia nella spartizione delle pubbliche spoglie, producono, anche nelle nostre amministrazioni locali, paurosi ristagni, incredibili paralisi di governo.

I partiti possono disintossicarsi

Se è vero che l'impegno generoso e trasparente che si esprime in un partito, per il bene comune, è una forma altissima di carità, il fatto che le sezioni politiche si svuotino provoca nel vescovo una preoccupazione non meno sofferta di quando veda disertata la sede di un gruppo ecclesiale.

È urgente che i partiti, i quali restano pur sempre strumento essenziale della nostra democrazia rappresentativa, si disintossichino dall'ubriacatura. Si ravvedano dal loro delirio di onnipotenza. Riacquistino la sobrietà. «Concorrano, cioè,

— come dice l'art. 49 della Costituzione, — a determinare la politica nazionale», ma senza la pretesa di monopolizzarla definitivamente. E tornino al loro compito fondamentale, che è quello di ascoltare la gente, educare i comportamenti, mediare gli interessi, e non certo di trasformarsi in forche caudine, da cui, anche per il più semplice sospiro, bisogna necessariamente passare attraverso sistemi di tessere, clientele e patronati correntizi.

Quando si parla di giustizia a uomini impegnati sul fronte politico, la tentazione più forte che bisogna ricacciare indietro è quella di evocare gli spettri inquietanti delle ambiguità amministrative, degli abusi settari, delle violenze gestionali a carico dei più deboli, dell'incredibile sonnolenza con cui vengono difesi i diritti dei poveri, del rapporto predatorio col denaro pubblico, della protervia con cui il potere viene usato a difesa dei privilegi di parte e non per la promozione del bene comune.

Giustizia personale

A dire il vero, non è che occorrano particolari capacità medianiche per far comparire questi spettri anche sui piccoli scenari dei nostri enti pubblici locali. Ma non gioverebbe a nulla. Farebbe solo gravare l'ombra del sospetto sulle tantissime persone pulite che pure vi operano: e sono forse la maggioranza. E accentuerebbe la diffidenza verso le istituzioni, favorendo quella pericolosa e inaccettabile divaricazione che oppone impegno sociale, ritenuto vergine e ingenuo, a impegno politico, ritenuto sordido e infido.

Oltretutto, non sarebbe neppure giusto che il vescovo, ergendosi a giudice freddo dall'alto delle sue sicurezze teologiche, rischiasse di fare una lettura approssimativa e semplificatoria di fenomeni complessi che, per essere ricondotti a trasparenza morale, richiedono, in chi li osserva, umiltà e pazienza più che declamazioni profetiche saccenti e disincarnate.

Smettendo allora di stendere lamenti, e volgendo in termini propositivi il richiamo di san Paolo, penso che non ci sia nulla di meglio che invitarvi a meditare su un passaggio fortissimo della *Sollicitudo rei socialis*. È il paragrafo 38, in cui il papa, superando le antiche definizioni della giustizia, intesa come virtù che spinge a dare a ciascuno il suo, adopera il termine più estensivo di *solidarietà*.

È una pagina splendida. Meriterebbe di essere ritagliata e custodita nel portafoglio. Non solo lo esorcizzerebbe dal pericolo di gonfiarsi di soldi a danno del prossimo, ma diverrebbe il più bel *Breviario* del vostro impegno etico, volto alla promozione della giustizia e allo smantellamento di quelle strutture di peccato che, purtroppo, contano agenzie periferiche anche nelle nostre città.

> *«La solidarietà non è un sentimento di vaga compassione o di superficiale intenerimento per i mali di tante persone, vicine o lontane. Al contrario, è la determinazione ferma e perseverante di impegnarsi per il bene comune; ossia per il bene di tutti e di ciascuno, perché tutti siamo veramente responsabili di tutti. Tale determinazione è fondata sulla salda convinzione che le cause che frenano il pieno sviluppo siano la brama del profitto e la sete del potere. Questi atteggiamenti e strutture di peccato si vincono solo (presupposto l'aiuto della grazia divina) con un atteggiamento diametralmente opposto; l'impegno per il bene del prossimo con la disponibilità, in senso evangelico, a perdersi a favore dell'altro invece di sfruttarlo, e a servirlo invece di opprimerlo per il proprio tornaconto».*
>
> (Sollicitudo rei socialis, n. 38)

Non potrebbe essere questa la griglia su cui innervare la revisione critica del vostro comportamento di uomini politici? «*Tutti siamo veramente responsabili di tutti*». È più che una formula. È l'icona del bisogno struggente di cieli nuovi e di terra nuova, nascosto nel cuore di tutti.

Se si ammette che la solidarietà è l'imperativo etico fondamentale attorno a cui si deve innervare l'impegno dell'uomo, cade ogni legittimazione per moltissimi parametri di giudizio che finora facevano tranquillamente parte del nostro guardaroba spirituale.

Non si può più giudicare con sufficienza chi lotta contro la produzione delle armi, o contro il loro commercio, clandestino e palese. È vietato sorridere sugli slanci di chi parla di difesa popolare non violenta, o sostiene l'obiezione di coscienza. Non è ammissibile tacciare di follia chi teorizza la smilitarizzazione del territorio, o progetta modelli di sviluppo più legati alla vocazione dell'ambiente. Non va guardato con sospetto chi invoca leggi meno discriminatorie nei confronti dei terzomondiali, o si batte perché siano rispettati i diritti delle minoranze. Non va compatito chi disserta sulla remissione del debito dei Paesi in via di sviluppo, o farnetica su un nuovo ordine economico internazionale.

L'etica della solidarietà, insomma, una volta introdotta nei nostri criteri di valutazione, obbliga partiti, sindacati, e istituzioni allo smantellamento graduale di tutte quelle basi strategiche che finora hanno sorretto le antiche ideologie della sicurezza nazionale.

Anche se questa nuova coscienza planetaria, però, è una conversione indispensabile che ormai deve connotare lo stile dei raggruppamenti politici e delle istituzioni democratiche, non è il cambio più urgente che, a proposito di giustizia, ritengo debba avvenire nella gestione della cosa pubblica. È invece un altro: *il trasferimento nell'area obbligata dei diritti, e quindi anche dei doveri, di tutto ciò che spesso sembra lasciato alla zona incontrollata della vostra discrezionalità.*

Continuare a mantenere larga questa zona significa perpetuare l'equivoco di un potere che crea dipendenze. Significa accarezzare manie pericolose di prestigio, se non proprio di dominio. Significa coltivare sacrileghe mentalità da demiurghi.

È come voler essere ago di una bilancia che, però, si fa di tutto perché rimanga falsa. Non tanto per rubare sul peso, quanto per dimostrare che la misura eccedente è frutto di magnanimità. Io penso che oggi la truffa più grossa non si compie sottraendo, ma aggiungendo: aggiungendo apparentemente, è logico! In questo modo, è vero che si dà a ciascuno il suo, ma lo si dà facendo intendere che quel che gli si è dato non è tutto suo.

È questa un'operazione diabolica, soprattutto perché coperta dall'alibi morale che, in fondo, non si è sottratto nulla, non ci si è arricchiti a danno del prossimo, né si sono create ingiustizie sostanziali. A ben pensarci, però, si è rubata una gratitudine indebita che alla lunga potrà anche fruttare. Ci si è arricchiti di un potere d'acquisto sul mercato del consenso. E si è creato quel vassallaggio clientelare che è il vero bubbone maligno delle nostre strutture.

Attenzione, amici. Aggiustate le bilance! Perché non si ruba solo quando si ricava profitto sulla merce. Si ruba anche quando si ricava potere sulle coscienze.

Pietà personale

Nel nostro linguaggio moderno, *pietà* è lo scrupoloso esercizio dei doveri religiosi. Una persona si dice pia, quando è fedele al Signore e osserva la sua legge. Nella Bibbia, però, la pietà ha una estensione maggiore, perché implica anche le relazioni dell'uomo con gli altri uomini, e sembra particolarmente compromessa non solo quando si reca oltraggio a Dio, ma anche quando i poveri vengono calpestati. In altri termini, pietà è l'atteggiamento di chi vuole così bene a Dio, che sente il bisogno di prolungare questa benevolenza rapportandosi con i fratelli. Come *empietà*, che è il contrario, indica non solo il disprezzo di Dio, ma anche ogni forma di ferocia, di scelleratezza e di crudeltà nei confronti del prossimo. Non per nulla l'aggettivo empio lo si abbina spesso al sostantivo tiranno.

Bene: a che cosa san Paolo vuole in particolare richiamare voi, uomini impegnati nell'attività politica, quando esorta tutti a vivere, oltre che con sobrietà e giustizia, anche con pietà?

Anzitutto a un *quadro di valori* che trascenda le categorie dell'immediato, dell'effimero, del fruibile in termini di contingenza. Oggi si sente parlare sempre più spesso di rapporti tra etica e politica. Nelle conversazioni ritorna di frequente il tema della cosiddetta questione morale. Si moltiplicano le tavole rotonde sul problema dell'ancoraggio della prassi politica al molo di un «assoluto» cui riferirsi come a orizzonte globale, indipendentemente dalle convinzioni religiose personali. Che cosa è tutto questo, cari amici, se non una sollecitazione a coltivare con rinnovato entusiasmo, a dispetto della nequizia dei tempi, le calde utopie, le passioni ideali e i sogni diurni oggi particolarmente in ribasso?

In secondo luogo, oltre che richiamarvi al *quadro* di valori, chi sa che san Paolo non voglia anche farvi pensare al *chiodo* a cui il quadro è attaccato? Chi sa che il problema di Dio, da alcuni forse accantonato, o messo tra parentesi, o negativamente risolto, non si riproponga in questo Natale con tutta la sua cogenza spirituale che vi sottragga dall'inquietudine, vi riscatti dall'inappagamento, e vi ricolmi di pace interiore?

Pietà comunitaria

Se è vero, però, che la pietà è in primo luogo l'atteggiamento che regola il rapporto dell'uomo con Dio, non si può dimenticare che questo Dio sta sempre dalla parte degli oppressi e ritiene fatto a sé ogni gesto di misericordia riservato ai suoi poveri.

Sicché, per voi politici *vivere con pietà* deve significare soprattutto *onorare l'uomo come icona di Dio.* Un invito pressante vorrei rivolgervi, perciò, carissimi amici, in questo momento. *Privilegiate l'uomo, più che la pietra.*

Capisco che costruire un asilo, innalzare una scuola, sistemare una piazza, ampliare un porto, edificare un mercato, sottoscrivere un progetto di espansione urbanistica... gratifica di più che disegnare scientificamente la mappa cittadina del disagio, o impostare con rigore tecnico il centro di animazione sociale del quartiere, o provvedere al servizio domiciliare degli anziani, o istituire strutture per l'accoglienza di minori in difficoltà, o allestire speciali programmi riabilitativi per i portatori di handicap, o predisporre forme di accoglienza perché i dimessi dal carcere e dagli ospedali psichiatrici non vadano allo sbando, o potenziare i servizi sociali perché raggiungano, in modo organico, dignitoso e tempestivo, coloro che vivono ad alto rischio di emarginazione.

Sì, perché la pietra lascia incisa la firma per i secoli futuri. Il cuore dell'uomo, invece, sopporta l'autografo soltanto il tempo necessario per dire «grazie». Ma ricostruire l'uomo vale infinitamente di più che costruirgli la casa.

Impegnarsi per l'uomo, prima che per le case

Adoperatevi, vi supplico, perché migliori la qualità della vita nelle nostre città.

Mettete più spirito di sacrificio per arginare i guasti di tanta disoccupazione giovanile: non con palliativi demagogici e superficiali, ma con investimenti seri di tempo più che di soldi, di cervello più che di espedienti, di passione più che di calcolo.

Aprite gli occhi sul degrado umano procurato dalla droga, dalla delinquenza minorile, dai cento fenomeni di malcostume che indicano un forte abbassamento di orizzonti etici. La siringa trovata in villa deve fare impallidire la giunta comunale più dei liquami di una fognatura fuorusciti in piazza durante una cerimonia ufficiale.

Impegnatevi perché ogni scelta politica tenga sempre presenti gli ultimi. Misuratevi più decisamente con le povertà, aborrendo dal gestirne i bisogni con atti occasionali, e favorendo, invece, quei piani complessivi di intervento per i quali sono predisposte anche delle provvidenze di legge, ma che la pigrizia o la leggerezza o l'incompetenza lasciano scandalosamente inutilizzate.

Vigilate affinché i processi di crescente disuguaglianza tra cittadini, o gruppi o categorie sociali, non finisca col favorire sempre chi è in grado di organizzare meglio la domanda, trasformando così lo Stato in commesso degli interessi dei più forti.

Auguri

Se questa *pietà per l'uomo* vi farà anteporre alle pietre i problemi pubblici della salute, dell'educazione, della cultura, del lavoro, del rispetto all'ambiente, della partecipazione... Gesù Cristo, che ha promesso il Regno a chi avrà dato un solo bicchiere d'acqua fresca per amore, non sarà avaro neppure con chi è convinto di non averlo mai incontrato su questa terra.

Non vi scoraggiate. Chiedete al Cielo il dono di una genialità nuova che vi metta in grado di esprimere, su scenari politici più giusti, il vissuto e le ansie dell'uomo contemporaneo, alle soglie del terzo millennio.

E non lasciatevi cadere le braccia quando, nonostante il vostro impegno personale improntato a trasparenza e a rettitudine, vi vedete destinatari di sospetti da parte di chi, non comprendendo la vostra fatica, spara nel mucchio con raffiche ingenerose di luoghi comuni. Non demordete: la coerenza paga, anche se con qualche ritardo. Paga anche l'onestà. E la speranza non delude!

Tanti auguri, carissimi amici. Siate portatori della pubblica gratitudine presso le vostre famiglie, costrette spesso, per il bene di tutti, a rinunciare alla vostra presenza in casa.

Possiate trovare nel vostro duro lavoro il sostegno dei cittadini, la solidarietà dei collaboratori, il rispetto degli avversari, il consenso degli ultimi, la benedizione di Dio.

La Vergine Maria vi preservi dal pianto. Ma vi conceda il privilegio di intenerirvi davanti alle sofferenze dei poveri. Fino alle lacrime.

Buon Natale.

(24 dicembre 1988)

16.

QUEL GRAFFIO CHE NON HA MAI SMESSO DI SANGUINARE

Anche i santi della cultura laica hanno qualcosa da insegnarci

Gaetano Salvemini laico senza equivoci

Non è un tentativo di accaparramento. Oltre che maldestro, risulterebbe sacrilego. Prima di tutto, perché destinato a fare i conti con queste lucide dichiarazioni con cui Gaetano Salvemini, nel testamento che stilò pochi mesi prima di morire, si sottraeva a ogni strumentalizzazione edificante: «Mi dorrebbe se, negli ultimi momenti della mia vita, un oscuramento del mio pensiero permettesse a qualcuno di farmi passare come ritornato ad una fede religiosa qualsiasi... Cessai di essere cattolico quando avevo diciotto anni, e intendo morire fuori della Chiesa cattolica, senza equivoci di sorta».

In secondo luogo, perché pretendere di ricondurre il grande storico molfettese entro gli orizzonti del proprio mondo religioso significherebbe offendere la sua eccezionale onestà intellettuale, e rendersi complice di una di quelle ciniche operazioni di violenza contro le quali egli ha lottato tutta la vita.

Nessuna voglia di annessione culturale, quindi.

Salvemini è stato e rimane un anticlericale tutto d'un pezzo e senza cedimenti. Mai, però, volgare, o sguaiato. Anzi, così fine e, soprattutto, così nutrito di sofferte ragioni etiche, che oggi perfino il vescovo della città che gli ha dato i natali, un paio di anticlericali del genere se li vorrebbe sempre a ridosso. Se non altro, perché lo aiuterebbero a preservare il messaggio di Cristo da contaminazioni mondane e da inquinamenti di potere.

Del resto, per comprendere quanto egli aborriva ogni forma di sopruso ideologico, da qualunque sponda venisse, ecco con quale sdegnata passione, ripudiava la rozzezza pacchiana di certe mode: «L'anticlericalismo podrecchiano-massonico-mussoliniano, il quale discuteva nei comizi l'esistenza di Dio, e decapitava le Madonne, e bastonava i preti, fu una vergogna, che non dovrebbe più risorgere, e nessun partito sarebbe degno di rispetto, se non lo sconfessasse risolutamente».

Una indomita passione per la libertà

L'anticlericalismo di Salvemini non ha mai spartito nulla né col vilipendio, né con la dissacrazione, né con le smanie iconoclaste. Non ha mai sprecato sarcasmi sulla fede della gente, e tanto meno si è mai permesso di ironizzare sulle credenze religiose dei poveri: «La vecchierella, che pregando innanzi alla immagine della Madonna trova conforto al suo dolore e un raggio di speranza, è altrettanto rispettabile quanto il filosofo che pesta l'acqua nel mortaio delle sue astrazioni».

Io non so se l'accostamento della vecchierella con l'intellettuale organico gli sia venuta durante qualche clandestina incursione nel santuario della Madonna dei Martiri, nel cui giorno — l'8 settembre — egli era nato. Una cosa è certa: che il suo anticlericalismo non ha mai sputato livore contro nessuno. Non è apparso mai sboccato, né ha mai flirtato con gli ammiccamenti o con le battute da trivio. Ma si è sempre rivestito di tale nobiltà estetica, che, pur sotto i veli di qualche comprensibile risentimento verbale, ha lasciato trasparire unicamente una indomita passione per la libertà e il rifiuto viscerale per le posizioni discriminanti di privilegio accordate a chiese o gruppi o persone.

Forse l'anima pulita del suo laicismo la si può cogliere in

questo splendido giudizio che egli dà su don Luigi Sturzo: «Il clericale domanda la libertà per sé in nome del principio liberale, salvo poi a sopprimerla negli altri, non appena gli sia possibile, in nome del principio clericale. Don Sturzo non è clericale. Ha fede nel metodo della libertà per tutti e sempre. È convinto che, attraverso il metodo della libertà, la sua fede prevarrà sull'errore delle altre opinioni per forza propria, senza imposizioni più o meno oblique. E questo, credo, era quel terreno comune di rispetto alla libertà di tutti e sempre, che rese possibile la nostra amicizia, al di sopra di ogni dissenso ideologico».

Se l'anticlericalismo è questo, mi verrebbe la tentazione di dire che oggi, di amici del genere, con la tonaca o senza, Salvemini ne troverebbe parecchi anche nella sua città di Molfetta.

Un galantuomo "graffiato" dal Vangelo

Ma che cosa è che spinge un vescovo a cogliere il destro delle celebrazioni salveminiane di questi giorni per additare all'ammirazione pubblica un personaggio così scomodo e tutt'altro che inquadrabile nei parametri agiografici delle nostre comunità cristiane?

La risposta è semplice. Viviamo in un'epoca così povera di tensioni, così priva di slanci utopici, e così schiacciata nella contemplazione di orizzonti dai bassi profili, che il ricorso all'intercessione dei santi del calendario liturgico non mi sembra compromesso dall'invito a imitare un uomo integerrimo che, pur appartenendo a un altro martirologio, col suo rigore morale mette sotto accusa permanente il terribile calo di evidenze etiche di cui stiamo tutti pagando le spese. Anche la cultura laica ha l'elenco, degnissimo, dei suoi santi. E Salvemini merita di esservi incluso, come nessun altro, con tutti gli onori che si devono ai galantuomini.

Ma c'è un altro motivo che mi spinge a inchinarmi dinanzi a quest'uomo, facendomi scorgere lontane parentele con lui: la costante riconduzione alle norme del Vangelo che egli fa della sua vita morale.

Parlando della sua adolescenza, Salvemini racconta che un giorno, rovistando in una cesta di libri religiosi, proprietà di uno zio prete, scoprì sei volumi della Bibbia in latino. Ebbene, egli dice: «I salmi, le lamentazioni, le profezie, il Vangelo, con la loro potenza morale e bellezza poetica, dettero al mio pensiero un grande graffio che rimase».

Un grande graffio che rimase. È un'espressione che vale una biografia e che, rivelando solo la cicatrice, nasconde con pudore chi sa quanti segreti inespressi, e quali lotte interiori tra l'angelo e Giacobbe.

Pur non riconoscendosi credente, Salvemini sembrava che ci godesse ogni volta che poteva fregiarsi in qualche modo dell'aggettivo «cristiano»: era come se al suo impegno umano e sociale venisse apposto un marchio di origine controllata. «Credo solo nel Critone di Platone e nel Discorso della Montagna», soleva ripetere.

È perfino commovente la dichiarazione del suo testamento olografo: «Se ammirare e cercare di seguire gli insegnamenti morali di Gesù Cristo, senza curarsi se Gesù sia stato figlio di Dio o no, è essere cristiano, intendo morire da cristiano, come cercai di vivere, senza purtroppo esserci riuscito».

Cristiano per onestà morale

Ecco come nel 1946, in una lettera all'amico Modugno, lascia trasparire questa fierezza unita a un'incredibile professione di umiltà: «Sono stato assai contento di leggere nella tua lettera che tu metti uomini come me tra i cristiani. Io stesso, quando debbo spiegare quali sono le basi della mia fede morale, rispondo senza esitazione che sono cristiano. E se la gente mi domanda che mi spieghi meglio, dichiaro che sono cristiano perché accetto incondizionatamente gli insegnamenti morali di Gesù Cristo, e cerco di praticarli per quanto la debolezza della natura umana me lo consente. Quanto ai dogmi... non me ne importa proprio nulla; non li accetto, non li respingo, non li discuto: la mia fede in certe norme di condotta morale non dipende dal credere che Cristo era Figlio di Dio. Vi sono canaglie che credono alla divinità di Cristo, e galantuomini che non ci credono. Io divido gli uomini secondo che sono canaglie o galantuomini, e non secondo che hanno gli occhi neri o azzurri, o secondo che credono o non credono alla divinità di Cristo».

Più in là proseguiva: «Io mi sono arrestato all'anno della crocifissione. Dopo quell'anno non c'è più nulla di nuovo che io abbia imparato come precetto di vita morale, e i catafalchi dogmatici dei secoli successivi non mi riguardano».

Proprio così. Salvemini si è arrestato alla crocifissione. Forse anche perché più congeniale alla sua vita provata da morti senza risurrezioni.

Coprire, del resto, quei pochi metri di strada che separano il Calvario dal giardino della Pasqua è solo un dono di Dio. Ed è su quel breve sentiero che si consuma il viaggio più lungo che possa capitare ad esperienza umana: quello che va dall'incredulità alla fede.

Salvemini non l'ha compiuto.

C'è da esser certi, però, che il Signore, sensibile ai «galantuomini increduli» non meno di quanto sia indulgente con le «canaglie credenti», abbia accolto ugualmente nella sua pace questo profeta laico del suo Regno.

Non fosse altro, che per quel graffio.

Tanto simile alle stimmate del Risorto.

(16 ottobre 1988)

17.

LA VITA SOCIALE HA BISOGNO DI SPAZI

Richiesta d'area per una nuova chiesa

Illustrissimo Signor Sindaco,

il dovere di guardare con anticipo ai bisogni pastorali del territorio mi induce a manifestarle alcune mie preoccupazioni e a esprimerle una precisa richiesta.

Non le sfugge che i centri parrocchiali di Terlizzi, sovrastati da insediamenti urbani ad altissima densità, soffrono quasi tutti, come in nessun'altra città, di carenza di spazi che permettano le più elementari espressioni comunitarie di impegno religioso e sociale. Per fortuna l'estro pastorale e la passione di tanti parroci intelligenti hanno supplito in passato a questo preoccupante deficit logistico.

Mi riservo di presentarle in seguito una mappa dettagliata di possibili soluzioni pastorali che tengano presente l'intero territorio di Terlizzi. Per adesso però, data l'urgenza della cosa, mi permetto di esprimerle l'ipotesi di lavoro relativa a una sola parrocchia: ipotesi che, se assecondata dalla buona volontà del Consiglio comunale, potrebbe mutarsi in soluzione concreta.

Si tratta della parrocchia del Crocifisso.

Collocata alla periferia della città, e quindi ad alto rischio sociale come tutte le periferie, converge su una chiesetta confraternale che si trova al vertice del quadrilatero che ne disegna la configurazione territoriale. È ormai completamente scavalcata dai nuovi insediamenti che, per altro, ne hanno elevato il numero degli abitanti e lasciano prevedere ulteriori incrementi demografici: sicché, se finora il numero di tremilacinquecento anime era sopportabile dalla suddetta struttura, oggi è impensabile rendere un servizio ragionevole con spazi così risicati e con un punto di riferimento così periferizzato rispetto al territorio che deve servire. Se si tiene conto, poi, del quartiere IAACP, oggi tanto lontano anche dal resto dei servizi sociali da sembrare ghettizzato e domani destinato, almeno nelle previsioni, a ricongiungersi con il tessuto urbano, non si fa fatica a comprendere come la presenza più centralizzata di una agenzia educativa, quale deve essere la parrocchia moderna, risolverebbe anche un cumulo di problemi umani e sociali, oltre che religiosi naturalmente.

Non sfugge a nessuno, ed è pacificamente ammessa anche da chi sul piano ideologico ha fatto scelte diverse, la forte incidenza promozionale che la Chiesa oggi svolge rispetto a certi grandi valori, di cui, se non giungiamo in tempo con una costruttiva presenza, corriamo il rischio, prima o poi, di sperimentare l'anemia. I fenomeni di delinquenza minorile, di spaccio di droga, di malavita organizzata, di degrado dell'ambiente... possono provocare focolai infettivi per tutta la convivenza cittadina se, a sbarrarne l'epidemia, non trovano centri aggreganti che elaborino tempestivamente anticorpi sociali.

Ho detto queste cose per sottolineare il fatto che una presa in considerazione, da parte del Consiglio comunale, della mia richiesta non è privilegiare i bisogni di un gruppo ideologicamente caratterizzato, sia pur coincidente con la quasi totalità della popolazione, ma è un intervento mirato anche alla salvaguardia e all'incremento di tutti quei fattori di crescita umana, per i quali, laici o credenti, «non possiamo non dirci cristiani».

Ecco allora l'oggetto della mia richiesta: si tratterebbe dell'area prospiciente sul viale Paceco e compresa tra le costruzioni della ferrovia vecchia e l'impianto della nuova scuola elementare. L'allegata cartina topografica ne delinea meglio l'ubicazione e ne quantifica con più precisione l'entità. Una volta avuta la disponibilità del suolo suddetto, potremmo provvedere in tempi brevissimi all'impianto di una chiesa prefabbricata di cui siamo già in possesso.

Nella viva speranza che questa domanda trovi accoglimento, e assicurando la più leale collaborazione ogni volta che ci sono di mezzo gli interessi globali della gente, soprattutto più povera, esprimo i sensi della mia cordialissima stima.

(2 giugno 1989)

18.

PENTIMENTO E SERVIZIO DALLA TESTA AI PIEDI

Verso la Pasqua, terra di speranza

Cenere in testa e acqua sui piedi

Tra questi due riti si snoda la strada della Quaresima. Una strada apparentemente lunga meno di due metri, ma in verità molto più lunga e faticosa. Perché si tratta di partire dalla propria testa per arrivare ai piedi degli altri.

A percorrerla non bastano i quaranta giorni che vanno dal mercoledì delle ceneri al giovedì santo. Occorre tutta una vita, di cui il tempo quaresimale vuole essere la riduzione in scala.

Pentimento e servizio: sono le due grandi prediche che la Chiesa affida alla cenere e all'acqua, più che alle parole.

Non c'è credente che non venga sedotto dal fascino di queste due prediche. Le altre, quelle fatte dai pulpiti, forse si dimenticano subito. Queste, invece, no: perché espresse con i simboli, che parlano un linguaggio *a lunga conservazione*.

È difficile, per esempio, sottrarsi all'urto di quella cenere. Benché leggerissima, scende sul capo con la violenza della grandine. E trasforma in un'autentica martellata quel richiamo perentorio all'unica cosa che conta: «Convèrtiti e credi al Vangelo».

Quella cenere viene dall'ulivo

Peccato che non tutti conoscono la rubrica del Messale, secondo cui le ceneri debbono essere ricavate dai rami d'ulivo benedetti nella Domenica delle Palme dell'anno precedente. Se no, le allusioni all'impegno per la pace, all'accoglienza del Cristo, al riconoscimento della sua unica signoria, alla speranza di ingressi definitivi nella Gerusalemme del cielo, diverrebbero itinerari ben più concreti di un cammino di conversione.

Quello «shampoo alla cenere», comunque, rimane impresso per sempre: ben oltre il tempo in cui, tra i capelli soffici, ti ritrovi i detriti terrosi che il mattino seguente, sparsi sul guanciale, fanno pensare per un attimo alle squame già cadute dalle croste del nostro peccato.

La predica più antica

Così pure rimane indelebile per sempre quel tintinnare dell'acqua nel catino. È la predica più antica che ognuno di noi ricordi. Da bambini, l'abbiamo «udita con gli occhi», pieni di stupore, dopo aver sgomitato tra cento fianchi, per passare in prima fila e spiare da vicino le emozioni della gente.

Una predica, quella del giovedì santo, costruita con dodici identiche frasi: ma senza monotonia. Ricca di tenerezze, benché articolata su un prevedibile copione. Priva di retorica, pur nel ripetersi di passaggi scontati: l'offertorio di un piede, il levarsi di una brocca, il frullare di un asciugatoio, il sigillo di un bacio.

Una predica strana. Perché a pronunciarla senza parole, genuflesso davanti a dodici simboli della povertà umana, è un uomo che la mente ricorda in ginocchio solo davanti alle ostie consacrate.

Miraggio o dissolvenza? Abbaglio provocato dal sonno, o simbolo per chi veglia nell'attesa di Cristo? *Una tantum* per la sera dei paradossi, o prontuario plastico per le nostre scelte quotidiane?

Intraprendiamo, allora, il viaggio quaresimale, sospeso tra cenere e acqua. La cenere ci bruci sul capo, come fosse appena uscita dal cratere di un vulcano. Per spegnerne l'ardore, mettiamoci alla ricerca dell'acqua da versare... sui piedi degli altri.

Pentimento e servizio. Binari obbligati su cui deve scivolare il cammino del nostro ritorno a casa.

Cenere e acqua. Ingredienti primordiali del bucato di un tempo. Ma soprattutto simboli di una conversione completa, che vuole afferrarci finalmente *dalla testa ai piedi.*

(Pasqua 1990)

19.

PROMUOVERE PROGETTI DI EDUCAZIONE ALLA PACE COLLABORANDO CON LE ESPERIENZE FERIALI DELLA SOLIDARIETÀ

Dalle tesi congressuali di Pax Christi 1990

Identità

1. L'identità di Pax Christi germoglia sul tronco dello *shalom* biblico, quale emerge nell'economia della storia della salvezza. Tale identità, conquistata continuamente e in modo sofferto, si costruisce sia attorno a uno spazio ecclesiale che attorno a uno spazio storico.

Spazio ecclesiale

2. Lo spazio su cui Pax Christi esprime il suo servizio ecclesiale alla pace, visto non di rado come una dilatazione anomala all'interno della Chiesa, va considerato fiduciosamente e in termini costruttivi, perché nasce dall'analisi audace condotta su due versanti non facili: la profezia e l'incarnazione storica dell'atto di fede.

3. L'azione di Pax Christi intende sollecitare assiduamente la comunità ecclesiale alla lettura attenta dei segni dei tempi, affinché sia in grado di sfidare i grandi nodi storici del momento facendo leva sulle tensioni ideali della Parola di Dio.

4. Pax Christi sceglie la presidenza di un vescovo per ribadire il suo amore per la Chiesa e il suo forte radicamento nella comunità.

5. Pax Christi, grazie anche alla sua storia consolidata, vuole continuare a godere di ampia credibilità ecclesiale e istituzionale. Non deve però lasciarsi prendere dalla frenesia del consenso; sicché, alla tentazione di difendere l'immagine e di riprodurre contenuti ripetitivi, deve opporre il desiderio di innescare coraggiosi meccanismi di cambio, che spingano le comunità a freschezza di intuizione e a creatività d'azione.

6. In definitiva, Pax Christi intende porsi all'interno della realtà ecclesiale, come stimolo propositivo perché tutta la comunità, nei confronti delle potenze mondane, proclami il vangelo della pace attraverso l'annuncio chiaro, la critica costruttiva, e la denuncia coraggiosa.

Spazio storico

7. Lo spazio storico di Pax Christi è definito dalla trama delle scelte concrete, connotate dalla dimensione del «qui e oggi», e tessute sul telaio di «pace, giustizia e salvaguardia del creato».

8. Pax Christi, avendo maturato una prospettiva d'azione tesa ad estendere le nuove forme di pratica politica che nascono dall'esercizio della democrazia diretta e dal basso, privilegia l'attenzione per tutte le realtà vicine e lontane di violenza e di ingiustizia dove soggetti, gruppi, movimenti, si organizzano per costruire la speranza di una società liberata dal dominio.

9. In tal senso Pax Christi opera nella società civile ricercando la dimensione feriale dell'impegno per la pace. Ritiene indispensabile, pertanto, confrontarsi con le istituzioni civili, affinché ritornino a presiedere ai bisogni collettivi e non alla custodia degli interessi dominanti.

10. Confortata dagli atteggiamenti rispettosi del mondo esterno nei suoi confronti, Pax Christi deve vivere la collaborazione con gli uomini di buona volontà senza compromettere la propria identità, rafforzandola continuamente nel confronto, e senza aver paura di esprimere la valenza evangelica del suo impegno.

11. L'origine e la natura internazionale di Pax Christi forniscono una prospettiva planetaria alla sua azione. La Sezione Italiana, pertanto, considererà il rapporto con l'Internazionale di fondamentale importanza.

Programma politico

12. Pax Christi deve diventare capace di lavorare con una progettualità più matura, consapevole e strutturata, evitando di rincorrere i problemi senza una chiara prospettiva strategica globale.

13. Pax Christi accoglie la «profezia esterna», e, in dialogo con i costruttori di pace, muove ad un confronto con tutte le realtà sociali che lottano per il ristabilimento di relazioni giuste con l'uomo, con la terra, con Dio.

14. Il progetto di Pax Christi esprime il bisogno di un «movimento di testimoni» che, oltre agli obiettivi politici, persegua una forte coesione attorno a stili e scelte di vita improntate ai valori politici della povertà e della sobrietà.

15. Pax Christi si prefigge come obiettivo fondamentale il recupero del potere, dello spazio e dell'autonomia di tutte le soggettività creative, laddove la cultura di guerra è fondata sull'accentramento omologante ed espropriante.

Vuole essere, perciò, un movimento di semplici, capaci di intuire le parole chiave utili ad *esodare* dalla società del profitto. Un movimento caratterizzato da una pratica politica di base, popolare, fruibile da tutti, che non corra il rischio di diventare una casta di specialisti separati dalla gente.

16. Cruciale è la scelta della nonviolenza in rapporto alla questione uomo-ambiente, ai modelli di relazione sociale dominanti, al rapporto Chiesa-società, alla ricerca di nuove espressioni politiche.

20. Il programma, che si ispirerà profondamente alle riflessioni del movimento internazionale in uno scambio fecondo di esperienze, deve offrire una essenziale lettura dei dinamismi internazionali, nazionali e locali sui temi della pace, della giustizia e della salvaguardia del creato.

24. Pertanto, sul *piano ecclesiale,* si decide di:
a. organizzare corsi di formazione per la crescita dei membri del movimento;
b. promuovere e sostenere la commissione teologica per la pacc;
c. agire con creatività negli spazi ecclesiali (liturgia, catechesi, ordini religiosi...) in cui non si è mai investito sufficientemente e su cui recuperare le evidenze di una fede che, pur non fornendo alcun effetto politico a breve scadenza, danno il senso della incarnazione quotidiana.
d. promuovere scambi ecumenici cercando soprattutto il coinvolgimento delle Chiese locali nella prospettiva lanciata da Basilea verso Seul.

25. Sul *piano politico* si decide di:
a. rilanciare creativamente le campagne in corso (obiezione alle spese militari, contro i mercanti di morte);
b. potenziare la gestione degli obiettori di coscienza e stimolare il dibattito politico nazionale, in connessione con il tema della difesa popolare non violenta;
c. promuovere progetti e programmi di educazione alla pace utilizzabili nei diversi ambiti educativi (scuola, famiglia, catechesi);
d. collegarsi, collaborare con le esperienze feriali di solidarietà sociale (scuole popolari, lavoro in quartiere, comunità, ecc.), approfondendo il legame tra pace e solidarietà;

e. stimolare letture più puntuali di alcune problematiche scottanti (la militarizzazione del Sud, l'aeroporto di San Damiano...).

Organizzazione

26. Pax Christi si struttura in modo flessibile e non burocratico, vivendo la povertà e la precarietà come valore scelto e non come condizione subita.

27. Tuttavia, attualmente, urge una riorganizzazione delle strutture interne, in modo da garantire maggiore efficienza e puntualità nel lavoro e negli impegni che si assumono, sia sul piano locale che nazionale.

Finanziamento

48. Il finanziamento deve procedere di pari passo con il progetto organizzativo e con la volontà di dare contenuti specifici agli strumenti di cui il movimento necessita.

51. Proposte *ordinarie:* tenuto conto che ai membri di Pax Christi occorre chiedere uno sforzo economico ben maggiore dell'attuale, e che si deve avviare una campagna di adesione più seria e stringente, si pensa:
a. ad un aumento della iscrizione annuale (garantendo chiaramente una certa elasticità per studenti e disoccupati...);
b. ad una autotassazione mensile con quote fisse sul proprio stipendio;
c. ad una contribuzione annuale dei gruppi.

52. Non meno importante è la considerazione di alcuni suggerimenti *straordinari* per allargare lo spettro di possibilità di introiti. Alcune proposte:
a. utilizzo delle risorse pubbliche su progetti specifici;
b. iniziative nelle parrocchie e nelle congregazioni religiose mirate a progetti di pace gestite da Pax Christi;

c. campagna raccolta fondi su obiettivi particolari;
d. ripresa dell'attività degli ostelli, così efficace nel passato;
e. attività editoriali varie (libri, cartoline, posters...);
f. riconoscimento giuridico;
g. tessera Amici Pax Christi con agevolazioni per ostelli, libri, riviste...

Internazionale

53. Si riscontra una scarsa attenzione da parte della nostra sezione su quanto accade nel movimento internazionale. Non essendo idee ed esperienze internazionali tempestivamente filtrate, si è verificata non di rado una curvatura provincialistica all'interno dei gruppi.

54. Pertanto si decide di:
a. programmare incontri su specifici temi con membri di altre sezioni o con il segretario internazionale;
b. fornire maggiore informazione sull'attività internazionale usando gli strumenti a disposizione e sollecitandone di più efficaci;
c. valorizzare la presenza dei nostri commissari internazionali.

55. Nella valutazione dei problemi internazionali e negli orientamenti volti a risolverli, Pax Christi Italiana terrà in grandissima considerazione il magistero della Chiesa ed elaborerà in particolare, dissotterrandoli dal vasto magma dottrinale, gli stimoli profetici relativi alla pace presenti nell'insegnamento del papa, sforzandosi di presentarli alla coscienza pubblica con tutto il carico delle loro concrete conseguenze.

20.

QUANDO VIVERE È CONVIVERE

La logica del Vangelo radice dell'impegno cristiano in una lettera a Gesù tentato nel deserto

La voglia di stare tra la gente

Caro Gesù, ho faticato non poco a trovarti.

Ero persuaso che tu stessi laggiù, dove il Giordano rallenta la sua corsa tra i canneti, e i ciottoli, scintillando sotto il velo tremante dell'acqua, rendono più agevole il guado.

C'è tanta folla in questi giorni che si accalca lì, sulla ghiaia del greto, per ascoltare Giovanni, il profeta di fuoco che non si lascia spegnere neppure nel fiume. Immerso fino ai fianchi dove il letto sprofonda e la corrente crea mulinelli di schiuma, invita tutti a entrare nell'acqua, per rivivere i brividi di un esodo antico e mantenerne vive le promesse, gonfie di salvezza.

In un primo momento, conoscendo la tua ansia di convivere con la gente, e sapendo che la tua delizia è stare con i figli dell'uomo, pensavo di trovarti in quell'alveare di umanità brulicante sugli argini.

Qualcuno, però, che pure ti ha visto uscire dal Giordano, grondante di acqua e di Spirito, e mescolarti tra la turba di pubblicani e peccatori, di leviti e farisei, di soldati e prostitute, mi ha detto che da qualche giorno eri scomparso dalla zona.

Ora, finalmente, ti ho trovato. Ed eccomi qui, accanto a te, non so bene se condotto anch'io dallo Spirito, in questo misterioso deserto di Giuda, tana di fiere e landa di ululati solitari.

Perché proprio tu nel deserto?

Sono contento, Gesù, di sentire il tuo respiro rompere il sovrumano silenzio che ci sovrasta: così mi sembrerà più perdonabile il sacrilegio delle mie parole che, sia pur mormorate, frantumano l'immobilità allucinante di questa solitudine.

Ma perché mai, Signore, ti sei venuto a cacciare qui dentro, dove il sole arroventa la sabbia, e il vento che soffia dalle alture del Negheb te la sfarina sugli occhi, e l'unica ombra è la tua che non può darti riparo, e gli arbusti sono rappresi come coaguli sanguigni, e i rari ciuffi d'erba sembrano croste annerite dal tempo, e le tenebre si popolano di paure, e devi attendere la notte perché i latrati delle iene, pur forieri di incubi sinistri, ti diano almeno il senso della compagnia?

Come mai sei fuggito dal consorzio degli uomini e sei venuto a segregarti tra queste dune, fantasmi mutevoli a ogni folata dello scirocco, proprio tu che sei sceso qui in terra per introdurre gli stimoli della comunione nelle vene della storia, e per riunire i figli che erano dispersi, e per fare di tanti un popolo solo, e per abbattere i muri della vergogna e strappare le cortine delle nostre frontiere?

Perché proprio tu, che neppure nella tregua della tua vicenda umana hai smesso un solo istante di convivere nella dimora trinitaria, e che nel sostanziale «convivere» col Padre e con lo Spirito sperimenti le ragioni ultime del tuo «vivere» eterno... perché, proprio tu, sei precipitato in questo appartamento di desolazione, a mordere l'arena della solitudine e a misurare il lento filtrare della sabbia nella immota clessidra del deserto?

Vedo che hai accanto una brocca colma d'acqua di fiume.

Ti provoca aneliti di cielo:

«O Dio, tu sei il mio Dio...
di te ha sete l'anima mia,
come terra deserta, arida, senz'acqua» (Sal 63,2).

Ma chi sa quante volte, in questi giorni, quell'orcio di creta, che forse tu stesso hai impastato con le tue mani, ti ha richiamato corse con i compagni verso il lago per raccogliere le argille, volti di vasai bruciati dalle fornaci, terraglie appese alle pareti di casa tua e ancora profumate di minestra.

Perché hai abbandonato Nazaret, dove per trent'anni non solo hai fatto le prove generali di come Dio possa convivere con l'uomo, ma hai anche vissuto la dolcezza dei legami terreni, gli ineludibili trasporti delle parentele, lo spasimo crocifiggente e tenero delle amicizie?

Ma come ti ha retto l'animo a barattare, con questa piana inospitale senza orme e senza odori, il tuo villaggio di pecorai, profumato di verbene e di stabbio, di genziane e di formaggi rappresi?

Come hai fatto a recidere d'un colpo la trama di un'esperienza umana, la cui ricchezza di relazioni con le cose e con la gente ti aveva sedotto, sino al punto di non poterne più fare a meno?

Ricordi quante volte, nelle notti di primavera, seduto sul limitare di casa, chiamavi le stelle per nome nel desiderio di assicurarti se, rispondendo: «Eccoci», e brillando di gioia, come è scritto nei salmi, ti riconoscessero ancora come loro signore? E poi, invece, trascurando la seduzione del firmamento, ti lasciavi subito distrarre dalle nostre povere cose di quaggiù: la monotonia della fontana, il belato di un capretto, il pianto di un neonato, il lamento di un paralitico insonne.

Ma dimmi: perché hai scelto questa fornace dell'assurdo, dove non giungono né acri sudori di corpi nelle canicole estive, né scrosci autunnali di grondaie assaporati dalla bottega del carpentiere affollata di clienti, né tepori di bivacchi accesi dalle donne del cortile nei tramonti d'inverno, né ritornelli di antiche canzoni intonate nelle sere di maggio con i compagni di gioventù?

Perché sei scappato qui, a prosciugare nelle arsure di questa gola infuocata quelle ansie di solidarietà con la gente che ti intenerivano dinanzi alle pupille trasparenti dei bambini, ti gonfiavano di compassione dinanzi alle bocche sbavate dei vecchi, ti turbavano quando la morte visitava il tuo villaggio, ti facevano esplodere di fronte alle violenze consumate sui poveri, ti inondavano di gaudio quando condividevi con gli amici silenzi e parole, e ti riempivano di stupore dinanzi alle fanciulle ebree della tua età: le uniche forse che, rubandoti senza malizia con gli occhi bruni, trepidi dietro il velo come colombe, intuivano di sfiorare le sponde inviolabili del mistero, provavano per te amori più struggenti di quelli suggeriti dalla carne e dal sangue, e la notte piangevano di felicità sapendo che era loro concesso di poterti almeno custodire nella rete purissima dei sogni?

È inutile: non so darmi una spiegazione plausibile a questo improvviso ripudio della città, fatto da te che hai posto la tua tenda in mezzo agli uomini.

Insomma, non sei tu l'Emmanuele, il Dio con noi, il convivente dai secoli eterni di Casa Trinità, che, pur abitando la luce inaccessibile del cielo, trova l'ultimo appagamento al radicale bisogno di convivere stando anche con gli inquilini della terra? E perché ora, fuggiasco in questi sconsolati romitaggi del delirio, rifiuti il compito, al limite della diserzione, di insegnare agli uomini che il convivere è la suprema ragione del vivere?

Cosa è questa: la tua prima tentazione? O è l'unica a cui non hai saputo resistere?

Perché anche noi nel deserto?

Ti chiedo scusa, Signore. Mi accorgo che non ho il diritto di parlarti così. Ma devi anche capirmi.

Ero venuto in cerca di te, dopo aver percorso quasi duemila anni a ritroso, nella certezza che mi avresti potuto suggerire i rimedi adatti contro un male oscuro che sta travagliando la civiltà da cui provengo. Ha un nome terribile, esotico tra l'altro e quindi intriso di mistero, che faccio fatica a pronunciare. Un nome che, purtroppo, è adoperato solo per indicare un sintomo, sia pur grave e preoccupante, mentre dovrebbe essere usato per designare il male in tutta la sua tragica globalità patologica: *apartheid*.

No. Non voglio riferirmi unicamente a quella incredibile politica di «separatezza» che, nella zona più a sud del paese di Cam, discrimina un manipolo di bianchi da una selva di negri.

Sarebbe ipocrisia o ingenuità indignarsi contro questa assurda segregazione sociale, economica, e perfino territoriale, tra razze in Sudafrica, e non prendere atto che l'*apartheid* è un tumore maligno che rischia di andare in metastasi attaccando i tessuti vitali dell'intero organismo planetario.

In quale quadro clinico infatti, se non nella sintomatologia dell'*apartheid*, va letta la febbre dei blocchi che, dopo aver separato per decenni l'Est dall'Ovest, rischia ora di far impazzire il termometro con temperature di fuoco, discriminando tutti i Sud della terra?

Contro quale sofferenza vogliono follemente reagire tutte le pietre dell'*intifada*, che sibilano col fischio della disperazione non lontano da qui, nelle campagne di Beit Shaur? Quale nome dare alla logica del rifiuto nei confronti del marocchino? Quale diagnosi emettere su quella sindrome dell'intolleranza nei confronti del diverso? Come chiamare la ghettizzazione dei sieropositivi, l'accanimento punitivo contro i tossici, il sospetto emarginante nei confronti dei folli, degli ex carcerati e di tutti gli irriducibili alla nostra normalità? *Apartheid*.

Che cosa sono quelle forme esantematiche, che a pelle di leopardo macchiano l'Italia con l'eczema delle «leghe», se non i primi noduli della paurosa neoplasia dell'*apartheid*?

In fondo, al di là della comprensibile paura del ladro, non sono segno dello stesso latente malessere, quei deboli anticorpi espressi dalle cancellate attorno alle nostre ville, dai sistemi di sicurezza attorno ai nostri soldi, dai muraglioni attorno alle nostre *privacy*?

E non appartengono alla stessa diagnosi infausta quegli amari silenzi che spengono il focolare, quelle incomunicabilità coniugali accettate con rassegnazione, quegli abbandoni precoci dei tetti parentali, quelle crescenti simpatie con cui si enfatizza la moda dei «single»?

Non c'è che dire. Tempi duri per gli aneliti di comunione. A livello pubblico e privato. Precipitano le difese immunitarie della convivenza. E, nonostante il gran parlare, alla borsa dei valori le quotazioni della solidarietà sono quelle più in ribasso.

È per questo, Signore, che son venuto con fiducia da te. I profeti ti hanno descritto come il grande radunatore che raccoglie dai quattro venti i popoli dispersi, come la chioccia che chiama i pulcini sotto le sue ali, e come il re che invita a mensa i figli della diaspora.

Mi accorgo, però, di averti incontrato nel posto sbagliato. Perché, a quanto pare, se hai scelto la tovaglia rugosa di questo allucinante deserto, forse i tuoi pani di comunione son diventati pietre, e sono svaniti a uno a uno tutti i tuoi sogni conviviali.

Convivere con gli spazi e con i tempi

Ma che cosa sta accadendo? Mi sento risucchiato all'improvviso da una spirale misteriosa, come di esperienze fatte in altri luoghi e in altri tempi. Ad assicurarmi, però, che io sto ancora qui con te, ecco che ti levi in piedi, e poggiandomi le mani sulle spalle, mi rivolgi lo sguardo carico di infinita dolcezza.

Sulla mia pelle si placano d'incanto le vampe di questo sole meridiano. Sento alitarmi sul volto la frescura di un'ombra. E nel lago verde dei tuoi occhi scorgo riflesse le palme di Cades. Dagli anfratti di questo arenile bruciato si leva il profumo delle rose di Gerico, e la brezza che ti scompiglia i capelli mi porta i riverberi di antiche cantilene.

Ma quali segreti di trasalimenti nuziali dormono sotto la

coltre arida di queste sabbie? E quali sponde inesplorate vanno a lambire le anse dei fiumi che, forse, scorrono nelle profondità di questi cumuli calcarei, sulla cui superficie non si scorge neppure il sottile nastro di una carovaniera?

Tu continui a guardarmi e io, stando di fronte, ti avverto come forza irresistibile che ricompagina attorno a sé non solo le cose, ma anche gli eventi. Sì, sento che per te non c'è né prima né poi, né ieri né domani. O meglio, ieri e domani convivono insieme con il tuo indefettibile oggi: quell'oggi imperituro che annulla le nostalgie ed è estraneo all'amarezza dei ricordi.

Un brivido di felicità mi attraversa la schiena.

Ma quand'è che ho provato le stesse emozioni? Da quali memorie sepolte si sprigiona questa sensazione di cose già viste o in quali giardini d'infanzia ho vissuto i medesimi stupori di adesso? Dove ho avvertito il sangue placarsi allo stesso modo nelle vene? Quale volto di ragazza della mia adolescenza mi ha fatto battere il cuore così?

Vivo solo col presente, o convivo col passato? Da quali falde affiora alla mia coscienza questo bisogno struggente di comunione?

È incredibile: ma questo deserto, incapace di legarmi agli spazi, compie ora il miracolo di congiungermi con i tempi, e me ne riporta i tumulti, così come le conchiglie di Santa Maria di Leuca, accostate all'orecchio, mi riportano concerti di oceani lontani e profumi di remote scogliere.

«Ti condurrò nel deserto»

Ti sei curvato sulla sabbia, e ora ti diverti a tracciare col dito indecifrabili disegni.

Ma queste sono scritte! Ne riconosco gli accenti! Sono le parole del profeta Osea:

«*...Ti condurrò a me nel deserto, e parlerò al tuo cuore, e canterai come nei giorni della tua giovinezza, quando uscisti dal paese d'Egitto. Ti fidanzerò a me e ti farò mia sposa per sempre...*» (cfr. Os 2,16.17.21).

Questa arcana dichiarazione di amore che viene da lontano mi rovescia d'un colpo le avventate congetture di prima.

«*Ti condurrò nel deserto e ti fidanzerò a me*».

Dunque, Signore, sei fuggito per un richiamo d'amore, non per un *raptus* mistico di solitudine. All'origine del tuo ritiro su questo riarso promontorio di Giuda c'è un'ansia incontenibile di comunione, non la deludente chiusura negli spazi del ripiegamento. Non sei scappato dalla città perché stanco di convivere con essa, ma per tornarvi con l'accresciuta voglia di vivere ineffabili esperienze nuziali.

«*E parlerò al tuo cuore, e canterai come nei giorni della tua giovinezza*».

Dunque, Signore, non sei venuto qui per evadere dai rumori della vita, come i monaci di Qumran sulle riviere del Mar Morto. Sei venuto perché sedotto dal presentimento che il deserto, oltre che del silenzio, è anche l'ambito delle parole che contano. Oltre che degli ululati solitari, come dicono i salmi, è anche il luogo dove fioriscono le canzoni. Oltre che riparo dall'assedio delle folle, è anche il recinto dove si realizzano gli incontri decisivi.

«*Come quando uscisti dal paese d'Egitto*».

Dunque, Signore, sei entrato nel deserto come vi è entrato il popolo ebreo. Per attraversarlo, cioè, non per rimanervi. Per ripetere l'avventura dell'esodo verso la terra promessa. Per camminare, lungo le pianure del provvisorio, in direzione di colline che stillano latte e miele.

Segni di un esodo nuovo

Basta, Gesù. Ora ti lascio.

Laggiù, nella valle di Ebron, sento il brontolare del tuono, e temo che sulla strada del ritorno mi colga il temporale.

Però me ne vado contento, perché questo incontro con te

mi ha dato una folgorazione formidabile, più luminosa del lampo che è guizzato or ora all'orizzonte. Mi hai fatto capire, cioè, che se non si esce dai bastioni delle proprie sicurezze, se non ci si mette sulle strade dell'esodo, se non si sa entrare con fiducia nell'incognita del deserto, se non se ne accolgono le logiche di spogliazione e di nudità... una vera convivenza non potrà nascere mai. Il popolo ebreo è nato nel deserto. Prima era un'accozzaglia di straccioni. Eppure, da quest'orda di beduini, attraverso un lungo cammino di conversione, Dio ha tratto la sua comunità.

Grazie, Signore. Era proprio quel che cercavo. Soprattutto per la gente del mio tempo, che sta vivendo la vigilia di drammatiche trasformazioni epocali e che, rispetto all'implacabile immobilità di qualche anno addietro, sta provando nuovamente le vertigini del cambio.

C'è nell'aria un'attesa di cieli nuovi e terre nuove. Incombono pasque imminenti. Si sente il frusciare di angeli sterminatori. Nel Mar Rosso, al posto di una muraglia che cade, se ne innalzano due, una a destra e l'altra a sinistra, per far passare i popoli verso la libertà. Carri e cavalieri sono travolti come paglia, e i faraoni vengono inghiottiti dalle grandi acque. Forse è cominciato per l'umanità un nuovo grande esodo verso le stagioni del Regno.

Ora, però, bisogna entrare nel deserto, e lasciarsi scavare dalla paura dell'ignoto.

Diversamente rimarremo una caterva di nomadi, erranti tra i giunchi delle paludi, e non diventeremo mai quel popolo nuovo che anela alla terra promessa.

Ai tuoi piedi, Signore, vedo un bastone e una bisaccia.

La bisaccia sembra vuota.

Te l'avvicini con un gesto distratto della mano. Forse per cavarne un pane. E invece, no. Ne trai fuori il rotolo della Legge, che si spalanca sulla sabbia.

Non me ne intendo molto di ebraico. Ma ho proprio l'impressione che il rotolo si sia aperto sulle parole del Deuteronomio: «*Non di solo pane vivrà l'uomo, ma di ogni Parola che esce dalla bocca di Dio*» (Dt 8,3).

La bisaccia ora si è appiattita al suolo. Un giorno ai tuoi discepoli vieterai che se la portino in viaggio. Tu, però, hai voluto portartela qui, vuota di pane. Forse per offrirci il simbolo della più nuda povertà.

Anche quel rotolo è un simbolo. Il simbolo dell'alleanza tra Jhwh (il Signore) e Israele: «*Tu sarai il mio popolo e io sarò il tuo Dio... e a me solo servirai*» (cfr. Dt 6, 13-14). Alleanza. Anche se dovuta alla liberalità di uno dei due. Non capitolazione. Patto paritario. Non resa incondizionata dinanzi al più forte.

E anche il bastone poggiato lì per terra vuol essere un segno. Quello del cammino, faticoso e purificatore. Mosè compiva prodigi col suo bastone. Tu, invece, vuoi usarlo non come strumento per tentare il Signore. Non come provocazione a gettarci dall'alto, tanto egli ci salverà. Ma come simbolo perché tutti si salga verso l'alto. Ci si metta in viaggio, cioè, verso l'Oreb di Dio, alla ricerca del suo vero volto, che trascenda le immagini fatte da mano d'uomo. Fino a quando, senza più santuari, lo contempleremo così come egli è.

La bisaccia vuota, il rotolo dell'alleanza, il bastone del pellegrino.

Con questi tre simboli, ci indichi il rischio di ogni esodo.

Aiutaci, perciò, Signore, ad affrontare questo rischio come lo hai affrontato tu.

Logica di nudità

Donaci il coraggio di entrare nella logica di queste sabbie, che è, anzitutto, logica di nudità. Il deserto ti spoglia. Ti riduce all'essenziale. Ti decostruisce. Ti priva del guardaroba. Ti toglie di dosso gli abiti che finora hai considerato come assoluti, e ti fa capire che la tua identità va ben oltre le livree dell'appartenenza. Ti fa sentire povero, insomma. Come una bisaccia vuota.

È una logica che, tornato a casa, devo spiegare bene ad Antonella e Valerio che non riescono più a convivere, perché gonfi di sé: nessuno dei due vuol sottomettersi all'altro, e hanno ormai deciso di separarsi.

Vorrei spiegarla ad Andrea che non sa andare d'accordo con i colleghi a scuola: è vero che è molto preparato e ha tre lauree, ma fa pesare troppo la sua bravura, non lascia mai spazio a nessuno e ogni anno si vede costretto a cambiare istituto.

Vorrei spiegarla a Giuseppina, impiegata di concetto, che però si è fatta un concetto sbagliato della convivenza perché pretende che tutti abbiano la sua taglia di vestito: col risultato che i colleghi la odiano a morte e lei è tutta una vita che chiede trasferimenti.

E vorrei spiegarla anche alle mie comunità cristiane, al cui interno ci si frantuma spesso per problemi di prestigio, ed è più facile rinunciare alla ricchezza dei beni che a quella del proprio punto di vista.

E sarebbe opportuno che vi meditassero anche i responsabili dei popoli della vecchia Europa, perché oggi è facile parlare di Casa comune, ma se ognuno pretende di entrarvi con tutto il suo mobilio senza rinunciare a nulla, diventerà impossibile evitare le prevaricazioni di chi sa organizzarsi meglio, a danno dei più poveri.

Logica di alleanza

Donaci, Signore, il coraggio di entrare nella logica di queste sabbie che, oltre che di nudità, come sta a indicare quel rotolo aperto per terra, è anche logica di alleanza.

Non di dominio o di sopraffazione, non di potenza o di sopruso, non di indifferenza o di omologazione.

La cultura che ancora oggi divide gli uomini in categorie egemoni e subalterne è la più radicale contrapposizione al messaggio del deserto, se perfino Jhwh il Signore, tuo Padre, ai tempi dell'esodo è sceso a patti con i figli di Israele, ha firmato con essi precise clausole d'intesa bilaterale, e li ha sempre trattati come partner di pari nobiltà.

I miti di certe leggi di mercato che alla dignità dell'uomo antepongono la produzione, e che sulla salvaguardia dell'ambiente privilegiano la salvaguardia del portafoglio, sono la più netta dichiarazione di guerra che distrugge alla radice la logica dell'alleanza.

La sudditanza clientelare di Corrado, disoccupato della mia città, con moglie malata e con sei figli a carico, costretto a elemosinare per favore ciò che gli tocca per diritto, non riproduce certo i rapporti paritetici del fidanzamento di Dio con Israele. Né il sopruso subito da Rosanna e da cento come lei, sistematicamente sbattute fuori da tutti i concorsi comunali per assurde manovre di comparaggi politici, possono dirsi il prolungamento degli idilli nuziali fioriti nel deserto.

Come sono difficili, Signore, i passaggi interni di questa logica dell'alleanza!

Ma senza questa logica, che richiede rispetto e accoglienza, ogni tentativo di far convivere la gente è destinato a fallire. Le ansie vigiliari del terzo millennio che ci sovrasta si muteranno in delusione. E a farci esultare non saranno sufficienti né le cortine di ferro che cadono, né lo scavalcamento della geografia dei tavoli di Yalta: soprattutto, se dovremo far pagare l'estratto conto di questa nostra gioia ai popoli indifesi.

Vedi, noi oggi siamo spettatori di un drammatico esodo di esseri umani alla deriva. Vengono dai Sud della terra. Alcuni hanno la tua carnagione, e ti rassomigliano tanto. Invadono le nostre città. Dormono sotto i ponti. Senza itinerari, senza progetti. Ce li troviamo alla stazione, nelle fiere, sotto casa: con le stuoie colme di collane invendute, e con gli occhi allagati di malinconia.

Che ha guadagnato oggi Said? Dove andrà a piangere Mohamed stasera? Sotto quale albero nasconderà stanotte il suo carretto?

Che ce ne importa? Razzisti proprio non siamo, e forse neppure intolleranti con loro. Ma ci fanno paura. Probabilmente perché sono l'icona di un rapporto con l'altro che non sappiamo gestire.

E allora, suvvia, una minestra va bene, ma la tovaglia è di troppo. A rimediare una vecchia branda ci stiamo, quanto a dire «buona notte» sembra proprio esagerato.

Riattare per loro un locale fuori mano senz'altro, ma introdurli in un condominio può apparire una follia.

No, non perché possano rubare nelle nostre case, ma perché temiamo una rapina nella nostra identità. Sicché possono diventare destinatari di esuberanze assistenziali, ma mai interlocutori dei nostri discorsi di corresponsabilità!

Ma dove va a finire, Signore, la logica dell'alleanza, se mentre essi chiedono scambio, noi sappiamo dare solo aiuto? Che convivenza feconda potremo allestire con queste culture terze, se non diamo mai loro la parola? E quale sincerità da esodo pasquale esprimeremo, se stiamo già approntando mille trappole, per canalizzare nell'omologazione il transito delle culture? Con quale coraggio si può parlare di civiltà multirazziale e multiculturale, se questo nostro mondo del privilegio, imponendo i suoi modelli di sviluppo, tiene fuori dal suo perverso gioco di espropriazione l'ottanta per cento dell'umanità?

Ecco perché, Gesù, abbiamo bisogno di te, che di alleanze te ne intendi.

Logica di trascendenza

Donaci, infine, Signore il coraggio di entrare nella logica di queste sabbie che, come simbolizza quel vincastro di faggio sul quale cadenzare i percorsi della ricerca, sono logiche di trascendenza. Di purificazione dall'idolatria, cioè, per adorare Dio in spirito e verità.

Se le tribù di Giacobbe, disperse tra loro durante la schiavitù d'Egitto, una volta entrate nel deserto hanno costruito un popolo compatto di uomini liberi, è perché hanno riscoperto un rapporto nuovo con Jhwh il Signore e ne hanno detersa l'immagine da ogni crosta terrena.

Anche oggi, in quest'esodo dei popoli verso la nuova terra di Canaan, emerge il bisogno di una forza divina che trascenda le fedi, espressione dei nostri sguardi parziali puntati su Dio.

Dalle viscere dell'umanità prorompe il sussulto di uno pneuma universale che scavalchi le immagini di tutte le teofanie storiche, e provochi una convivenza nuova tra le genti fondata sulla pace, sulla giustizia e sulla salvaguardia del creato.

Assisi, Basilea, Seul... sono le tappe recenti di un cammino di catarsi religiosa che, mentre impedisce la pietrificazione di Dio, sta conducendo, non più attraverso discussioni teoriche ma passando per gli incroci della qualità della vita, a quella esperienza di convivialità «sull'alto monte» predetta dai profeti.

Tu solo, Gesù, compaginatore dell'unità, potrai liberarci dalla tragedia che le religioni, invece che accelerarla, frenino la nostra corsa verso traguardi di solidarietà planetaria.

Logica della nudità, dell'alleanza, della trascendenza.

Per superare la tentazione della ricchezza, del potere, dell'idolatria.

Ma attenzione, Signore! Una serpe, sgusciando dai sarmenti di un cespuglio arroventato, si divincola verso di te. Meno male: è scomparsa negli anfratti del deserto.

Forse, però, un giorno tornerà: sta' in guardia, Gesù!

Vieni nel mio giardino

Ora me ne vado davvero. Si è fatto tardi.

Nel cielo, che si è improvvisamente coperto di nubi, guizza di nuovo un fulmine e il tuono torna a brontolare.

Miracolo! Scroscia la pioggia nel deserto.

Mi vengono in mente i versetti di un salmo: «*Hai cambiato il deserto in lago, e la terra arida in sorgenti d'acqua*» (Sal 107,35).

Grazie, Signore, perché mi ripari sotto il tuo mantello. Te l'ha fatto tua madre, lo so, perché profuma di antichi telai. E poi è tessuto tutto d'un pezzo da cima a fondo. Come la tunica, appunto.

Approfitto di questa vicinanza per dire che verrò di nuovo a trovarti. No, non qui, ma quando passerai per le strade di Galilea, e riunirai attorno a te le folle disperse, «come pecore senza pastore».

O quando, sull'erba verde di un prato, le farai passare dalla convivenza alla convivialità, dividendo, tra le tue mani sante e venerabili con le quali ora mi accarezzi il capo per congedarmi, pochi pani che basteranno a saziare la fame di molti.

O quando un giorno avrai sete tu, e te la placheranno solo con l'aceto. Ma quel giorno, innalzato sul monte, attirerai tutti a te.

Sì, verrò di nuovo.

Anzi, perché non vieni tu, Signore, a trovarmi? Io nel deserto ci sto da sempre. Ma se arrivi tu diventerà un giardino, e germoglieranno i fiori tra le rocce.

Ecco, vedi, sotto i tuoi piedi è già spuntata una ginestra. La colgo, perché voglio portarmela come presagio di una imminente primavera che già incombe sulla storia.

Maranathà

Vieni nel mio giardino.

«*L'inverno se ne andrà. Il fico metterà fuori i primi frutti. Sulle viti sbocceranno le gemme. E la voce della tortora si farà udire di nuovo nella campagna*» (Ct 2,11-12).

Ti aspetto, Signore. Non tardare.

«*Ora la pioggia è cessata*».

Ma il vento mi riporta insieme flebili belati, ululati lontani, e riverberi di muggiti. Chi sa che non siano l'agnello e il lupo, o la pantera e il capretto, o la mucca e l'orsa, che cominciano a far le prove della convivenza? Può darsi.

Dal suolo si leva una fragranza di polvere spenta. Nella pozza qui accanto si riflette ancora un corteggio di nuvole. Ma a Sud, l'orizzonte si è schiarito. E sulla curva del cielo splende l'arcobaleno.

Maranathà. Arrivederci, Gesù.

(1989)

21.
CADERE DA CAVALLO

Nel ricordo dell'assassinio di Oscar Romero, vescovo che ha difeso il suo popolo

Coraggioso fino a morire

Scrivo queste note in aereo, mentre torno dal Salvador, dove mi son recato per il decimo anniversario dell'assassinio di Oscar Romero, il coraggioso vescovo che ha difeso il suo popolo, fino a morire per lui.

Ciò che mi ha colpito di più nella vita di questo martire è aver sentito che prima non era un mostro di coraggio o di solidarietà con i poveri. Era un vescovo «prudente». Sospettoso verso tutti i cambiamenti che mettessero in discussione il regime. Non simpatizzava certo né per la teologia della liberazione, né per quei preti che si facevano carico delle situazioni di ingiustizia e di oppressione vissuti dal popolo salvadoregno.

Convertito alla libertà dei suoi poveri

Poi, ecco anche per lui, la via di Damasco. La conversione radicale. La svolta decisiva. Fu quando gli ammazzarono un prete, Padre Rutilio, che si batteva per la libertà dei suoi poveri.

Come avvenne per san Paolo: «*All'improvviso lo avvolse una luce dal cielo*». Passò allora dalla solidarietà col potere costituito alla opposizione intransigente, in difesa sempre della gente. Tant'è che l'hanno chiamato «il vescovo fatto popolo». Il colpo di fucile che l'ha steso vigliaccamente a terra, proprio mentre celebrava la Messa, è il marchio di origine controllata della sua conversione.

Ecco, amici. Dall'alto di questo aereo, posso dirvi che di Romero mi ha suggestionato più la sua conversione, che il suo martirio. Più la svolta, che il traguardo della sua strada. Più il coraggio di cambiar rotta, che il coraggio di affrontare un'esistenza pericolosa con quell'epilogo largamente prevedibile.

Non vi sembra un segnale anche per noi, invitati a «cambiare»?

Basta un solo grado di spostamento all'origine, in quel centro propulsore dove si elaborano le scelte intime dell'esistenza, e all'orizzonte le divaricazioni da questa vita pesante che ci trasciniamo dietro diventeranno enormi.

Ci sarà una caduta da cavallo anche per noi?

Sì, se lo decidiamo.

Coraggio! La Pasqua viene anche per questo.

PROPOSTA DI UNA GIORNATA DI PREGHIERA PER IL MARTIRIO DEL POPOLO SALVADOREGNO

Il prossimo 24 marzo ricorre il decimo anniversario della morte di mons. Oscar Romero assassinato mentre celebrava la Messa. In quel giorno si è consumato il martirio di un uomo reo di aver preso la difesa dei poveri e di essersi schierato contro gli idoli della ricchezza e della sicurezza nazionale, ma il martirio del popolo salvadoregno è continuato senza interruzioni.

È stato un martirio a fuoco lento e, forse per questo, avvolto nel silenzio generale. E se l'eccidio dei cinque gesuiti e della loro governante, avvenuto nel novembre scorso, ha scosso in parte l'indifferenza dell'Occidente, è solo perché non poteva non avere risonanza internazionale una barbarie inflitta su personaggi molto noti anche per il loro prestigio culturale. Ma dalle settantacinquemila persone uccise in questi anni, contadini, operai, studenti... pochi si sono sentiti provocare.

Ebbene, mentre una delegazione internazionale di Pax Christi guidata da alcuni vescovi si recherà in Salvador per pregare sulla tomba di Romero e degli altri martiri, insieme con l'arcivescovo mons. Rivera y Damas, il Consiglio della sezione italiana di Pax Christi propone ai vescovi d'Italia di voler predisporre per la data del 24 marzo una particolare celebrazione di preghiera con le loro comunità. Sarà un'occasione forte per implorare da Dio la pace per il popolo del Salvador, per esprimere vicinanza alla Chiesa martire in America Latina, e per richiamare l'attenzione del nostro popolo sui nodi fondamentali della libertà, dei diritti umani, della giustizia, della scelta preferenziale dei poveri.

Il Signore ci ispiri a trovare nella preghiera e nella Parola una passione nuova per questi grandi valori sui quali, anche in Occidente, ci giochiamo il futuro.

(16 febbraio 1990)

22.

PER UNA CITTÀ ACCOGLIENTE

Un vescovo «del profondissimo Sud» parla a Milano di Chiesa e Mezzogiorno, sviluppo e solidarietà

«Dica pure delle cose forti»

La telefonata mi ha lasciato sorpreso tutto il giorno.

Possibile che lui, il cardinale Carlo Maria Martini, abbia potuto pensare proprio a me, vescovo del profondissimo Sud, per parlare ai credenti di Milano, nella vigilia solenne di sant'Ambrogio, patrono della città?

«Faremo l'omelia a tre voci. Prenderà la parola prima lei. Ci saranno anche tantissimi meridionali ad ascoltarla. Farà un cenno al documento dei vescovi *Sviluppo nella solidarietà: Chiesa italiana e Mezzogiorno*. Sottolineerà le caratteristiche di un'accoglienza veramente cristiana nei confronti dei meridionali da parte di una città, come Milano, che da secoli è abituata a convivere con genti diverse. Dica pure delle cose forti. Dopo di lei, parlerà mons. Riboldi, milanese di origine ma vescovo di Acerra, il quale svilupperà il tema dell'accoglienza nei confronti degli immigrati extracomunitari. Poi io stesso tirerò delle conclusioni di carattere pastorale. Sarà un bel modo per celebrare la festa del santo Patrono della città. Non le pare?».

E come poteva non parermi?!

Mi hanno colpito subito tre cose.

Prima di tutto l'originalità del modulo.

Un discorso a tre voci. Quasi una concentrazione simbolica di quella collegialità episcopale che, meglio di qualsiasi dissertazione, avrebbe potuto far capire alla gente l'attacco iniziale del documento suddetto: «*Il Paese non crescerà se non insieme... e anche la Chiesa deve crescere insieme*».

In secondo luogo, la praticità del tema.

Il messaggio della festa patronale, per ogni città, dovrebbe tracciare una specie di compito a casa da svolgere nel corso dell'anno. Un compito valido per tutti, credenti e non credenti, visto che certe date valgono per l'intera comunità cittadina, indipendentemente dalle scelte religiose di ciascuno. Ora, che cosa c'è di meglio che indicare nel tema dell'accoglienza l'asse di una forte tensione etica, ricca di stimoli evangelici senz'altro, ma anche carica di straordinarie suggestioni semplicemente umane, sociali, civili?

E infine mi ha colpito la tempestività dell'intervento.

Che poi vuol dire attenzione alla lettura pronta dei segni dei tempi. Parlare di accoglienza nei giorni in cui cadono le cortine e crollano i muri dell'Est, e il governo discute di sanatorie per gli immigrati extracomunitari clandestini, e la stampa più raffinata si interroga su quali saranno i problemi di convivenza della *Casa comune europea*, e la cronaca registra qua e là episodi di intolleranza legati spesso al proliferare delle varie «leghe», e la letteratura pastorale ipotizza i tratti di quella che dovrà essere una società multirazziale e pluriculturale... parlare di accoglienza in un contesto del genere significa afferrare al volo non certo il tema alla moda, ma l'anelito profondo che, sepolto da sempre nel cuore dell'uomo, cerca ora un varco per venire alla superficie: bisogno di comunione!

Mentre pensavo che nel mondo, sia pure a fatica, si stavano forse realizzando le aspirazioni di Gesù, venuto sulla terra a «*fare dei due un popolo solo, abbattendo il muro di se-*

parazione che era frammezzo» (cfr. Ef 2,14), non ho potuto fare a meno di ringraziare il Signore che mi ha fatto vivere, per dirla con la *Christifideles laici*, «*in quest'ora magnifica e drammatica della storia*».

L'accoglienza era un problema anche per sant'Ambrogio

Sono andato subito a rispolverarmi i libri di patristica per vedere se sant'Ambrogio avesse avuto a che fare con problemi analoghi o se, beato lui, i suoi tempi fossero stati contrassegnati da una maggiore tranquillità sociale.

Dai ricordi scolastici mi era, sì, rimasta la sensazione che anch'egli non dovesse aver navigato in acque più facili, ma non potevo mai sospettare che fosse stato attanagliato da problemi tanto simili ai nostri, soprattutto in fatto di accoglienza. «*Quelli che escludono i forestieri dalla città non meritano certo approvazione... Non sopportiamo che i cani stiano digiuni mentre noi mangiamo, e poi scacciamo gli uomini?*».

Ho subito pensato con invidia alla Chiesa di Milano che, se da sant'Ambrogio al cardinal Martini fa dell'accoglienza il filo conduttore di tutto un impegno ecclesiale e civile, non può certo lamentarsi per ciò che riguarda la cosiddetta «continuità di linea pastorale», anche se l'insistenza dei suoi pastori, antichi e moderni, su un tema così ricorrente potrebbe incautamente far sospettare una specie di recidiva di cui i milanesi sarebbero vittima.

Invece non si tratta di recidiva. Si tratta di prevenzione pastorale, che si esprime col tener desta la coscienza, in modo permanente, contro quel «*peccato accovacciato alla porta*» (cfr. Gen 4,7) che si chiama rifiuto del diverso.

Ed è inutile nascondersi che la non accettazione dell'altro, soprattutto quando l'altro appare irriducibile alla propria «norma», ha sempre costituito il demone nascosto dal cui agguato ogni cristiano, sotto qualsiasi latitudine, è chiamato a guardarsi con tutte le sue forze.

Quel vespro del 6 dicembre rimarrà per me indimenticabile. Ricordavo, per averne imparato i versi fin dalle scuole medie, che in sant'Ambrogio un poeta dell'Ottocento si era commosso alla vista di «*popoli avversi affratellati insieme*», ma non potevo mai immaginare che anche in me la tenerezza avrebbe preso il sopravvento «*fino a tal segno*».

In quella splendida basilica, gremita delle massime autorità cittadine, affollata di meridionali e di lombardi, colma di europei e di terzomondiali, si alternavano le voci straniere, le implorazioni corali, le suppliche dei poveri, le parole audaci di mons. Riboldi. Il quale, dopo aver individuato nella *fraternità*, nella *solidarietà* e nel *rispetto delle differenze* le tre parole chiave per il superamento di ogni razzismo, ha raccontato i capitoli nuovi degli Atti degli Apostoli in cui si parla di Chiese divenute luoghi di accoglienza e di solidarietà nei confronti dei fratelli stranieri.

Ho parlato anch'io. Mi sentivo scrutato da mille occhi di conterranei, nei quali mi pareva di scorgere

«*un desiderio di pace e d'amore,*
uno sgomento di lontano esilio...».

Poi si è levato in piedi il cardinale, questo interprete misericordioso della *Sollicitudo rei meridionalis*, il quale ha fatto l'esegesi della parola dei poveri. E ha scandito, con accenti da antico profeta, le tensioni etiche che caratterizzano da tempo il suo magistero episcopale.

«*Occorre cominciare con realismo dai rapporti brevi, controllando le emozioni di diffidenza e di rigetto verso ciò che non ci è familiare... Occorre vegliare sui fanciulli e sui ragazzi perché imparino gesti di accoglienza e sradichino i germogli di chiusura che troppo spesso la storia e il costume hanno seminato nei cuori... Il cumulo dei bisogni supera le possibilità del volontariato anche meglio organizzato. Per questo è necessario che la comunità civile e politica si mobiliti prima che sia troppo tardi...*».

Le parole dell'arcivescovo scendevano ora portatrici di incoraggiamento, ora gravide di speranze e di progetti, ora fiere come scoperto rimprovero, su quell'uditorio composito, che forse si era riunito per un incontro innocuo perché festoso, e che invece, fatto insolito in un cliché vigiliare così importante, si vedeva strattonato per una radicale conversione alla cultura dell'accoglienza cristiana.

«*E quando tacque, mi lasciò pensoso*
di pensieri più forti e più soavi...».

Tutto quel che è seguito dopo il discorso del cardinale, e cioè l'omaggio delle varie delegazioni regionali d'Italia, il saluto delle tantissime comunità europee, l'abbraccio delle innumerevoli rappresentanze di terzomondiali presenti in Milano, lo scambio dei doni tra le pubbliche autorità e la Chiesa ambrosiana... apparteneva forse al telaio celebrativo, consacrato ormai da consuetudini antiche.

Ma a nessuno sarà sfuggito che quella sera, nella basilica di sant'Ambrogio, la città di Milano ha voluto rivendicare a sé l'onore di presentarsi all'Italia e al mondo come luogo di pace, dove si sono cominciate a svolgere le prove generali di una nuova solidarietà planetaria.

(1990)

23.

A LEZIONE DAGLI ULTIMI

Incontri significativi nella visita pastorale

«*Non saprei vivere senza di lui*»

Quella sera del 18 novembre scorso non la dimenticherò mai. Ero al termine della visita pastorale nella vostra parrocchia (*la Concattedrale di Giovinazzo*), quando don Mario volle condurmi nella casa di un giovane gravemente handicappato.

Sul pianerottolo, in cima alla scala, ci accolse la madre, dal volto dolcissimo, sia pur soffuso da un'ombra di mestizia. Si sedette accanto al suo ragazzo, e cominciò a parlare di tante cose: della famiglia, degli altri figli che avevano fatto fortuna, delle prove durissime della vita. Poi, carezzandogli il capo e fissandolo con infinita tenerezza, esclamò: «Io non saprei vivere senza di lui».

Mi morirono sulle labbra le parole di conforto che mi accingevo a pronunciare. Ero io che me ne andavo carico di luce e di speranza, così come me ne ero andato commosso fino alle lacrime, la sera precedente, dopo la visita all'associazione degli alcolisti anonimi. Ricordo bene. Una stanza disadorna. Qualche libro spaginato in uno scaffale. Dei poster maldestri, disegni a mano, attaccati al muro. Su di uno c'era scritto: «Signore, concedici la serenità di accettare le cose che non possiamo cambiare, il coraggio di cambiare quelle che possiamo cambiare, la saggezza di distinguere la differenza».

Sedute attorno a un tavolo, sei o sette persone. Non si sono scomposte al mio arrivo. Ma mi hanno offerto una sedia. «Qui, non tutti siamo credenti in Dio — mi ha spiegato il capo — o per lo meno non mostriamo di esserlo. Però crediamo nella dignità dell'uomo. E vorremmo dare una mano, da poveri, a tutti coloro che hanno perso la fiducia. Vogliamo testimoniare che non c'è precipizio morale da cui non si possa risalire. Per statuto noi non accettiamo soldi: non fanno la felicità di nessuno. I soldi ci hanno aiutato nella caduta. Ma nella risalita dobbiamo farcela da soli».

Ognuno ha raccontato la sua storia. Dapprima la discesa, lenta, inesorabile, verso gli abissi del degrado. Poi il delirio sui fondali della morte civile. E infine l'ansia di ritornare alla vita.

Nulla di didascalico nelle loro parole. Nessuna smania moraleggiante. Ma tantissima fierezza e, soprattutto, una incredibile voglia di vivere. «Per fortuna — ha concluso uno guardando sua moglie che gli sedeva vicino, — c'è stata lei accanto a me. È vero che l'ho fatta soffrire, ma alla fine le ho dato la soddisfazione di vincere».

Ci sono nuovi spazi per le vecchie Confraternite

Nelle altre sere ho incontrato le Confraternite. Tutte nel piccolo territorio della Giovinazzo antica, al cui fascino contribuiscono non poco le vostre linde chiesette, profumate di mare, di muschio, e d'incenso, attorno a cui si articolano, ancora oggi, come attorno a bastioni incrollabili, la geografia e la storia dell'intera città.

Nelle parole di tutti: salmodie di memorie, tintinnare di campane, canzoni d'altri tempi, mozzette multicolori.

Confraternita del Santissimo Sacramento, della Purificazione, di Costantinopoli, del Rosario, della Trinità, di San Francesco da Paola, della Madonna degli Angeli. Quanta passione, e quanta malinconia ho sentito vibrare nelle rievocazioni di una esperienza religiosa che si vorrebbe far rivivere, sia pure con moduli nuovi!

Ed ecco il lampeggiamento di genio guizzare improvviso dal cumulo dei rimpianti, dall'affanno delle nostalgie, e dalla conta dei fasti passati: perché le Confraternite non si studiano di trovare gli spazi nuovi di quell'impegno per la vita che un tempo ha caratterizzato la loro specifica religiosità?

Oggi ci sono tanti bisogni umani scoperti, tante domande di solidarietà senza risposta, tante richieste d'amore inevase. Perché ciascuna Confraternita non prende di petto (ovviamente sotto il profilo spirituale) il problema degli audiolesi della città? O il problema dei non vedenti. O quello dei dimessi dal carcere. O quello dei portatori di handicap. O quello dei minori a rischio. O quello delle famiglie dei tossicodipendenti. O quello dei terzomondiali presenti nel territorio. O quello dei circensi e degli operatori dei Luna-park che arrivano in città. O quello della promozione di una cultura nuova dell'esistenza, che inverta certe direzioni di marcia imboccate dalla pratica dell'aborto...

Quanto spazio per chi vuol lavorare a favore della vita e, nello stesso tempo, camminare col passo dei tempi!

Grazie per tante promesse di vita

Ecco, carissimi fedeli della Concattedrale: di tutti gli incontri che dal 12 al 18 novembre ho tenuto con voi, questi mi hanno lasciato il segno per la loro carica propositiva. Vi dico la verità: non mi aspettavo che proprio dalla zona vecchia della città partissero tanti stimoli nuovi e tante promesse di vita.

Grazie a tutti, e buona fortuna.

A voi, ragazzi dell'Agesci, che mi avete esaltato con la vostra fantasia e col vostro desiderio di crescere in un mondo più pulito.

Grazie a voi, catechiste, genitori, ragazzi, giovani della Corale, che avete acceso le mie speranze.

Grazie a voi, ammalati, anziani, donne di via Gelso, o di

via Madonna degli Angeli, o di piazza Porto, che mi avete intriso di tanta umanità.

Vi auguro di poter assecondare gli stimoli al cambio che il vostro parroco vi suggerisce. Di essere costruttori di una comunità viva. Di promuovere caparbiamente la vita anche là dove spinte di regressione vi inducono ad avvitarvi su voi stessi.

Per me, cogliere come data di questa lettera l'occasione della Giornata per la Vita, vuole significare l'assegnamento che faccio su di voi perché esprimiate con le scelte quotidiane che, sì, sono belli i riti, sono affascinanti le celebrazioni, danno gloria a Dio le tradizioni religiose... «*ma la vera gloria di Dio è l'uomo vivente*».

La Madonna di Corsignano, che custodite gelosamente nel vostro cuore di carne più che nel cuore del vostro tempio di pietra, ancorato da secoli sul porto, vi incoraggi a camminare in novità di vita.

(31 gennaio 1990)

24.

RISPONDERE ALLA FIDUCIA DEGLI ELETTORI

Esame di coscienza per chi entra nei templi più sacri della rappresentanza popolare

Con le Camere si aprano feritoie di speranza...

Cari Senatori e Deputati, dunque, si ricomincia.

Intrisi ancora del lungo bagno di folla e profumati di popolo, che vi ha dato la sua fiducia, oggi siederete sui banchi per le prime operazioni di rito. Emozionati come bambini al loro primo giorno di scuola, forse vi batterà il cuore: anche se molti di voi sono già veterani.

Che il cielo vi assista. Perché il compito che vi attende è così arduo, che solo un soprassalto di amor proprio può impedirvi di invidiare coloro che non sono stati eletti nella più massacrante kermesse elettorale degli ultimi decenni.

Si aprono le Camere; ma quanto a spiragli di luce, non pare che se ne aprano tanti. Si aprono le Camere; ma proprio mentre cigolano le porte di un'altra camera che si chiude, la camera a gas del carcere della California.

Si aprono le Camere; ma si chiude il cerchio di un nuovo embargo, con cui viene cinturato nell'isolamento un altro popolo arabo. Si aprono le Camere; ma rimangono chiusi gli scali di Bagdad, dove la morte di migliaia di bambini per fame sembra che non faccia inorridire neppure come l'esecuzione di Harris nel penitenziario di San Quintino.

Si aprono le Camere; ma non si aprono feritoie di speranza, che legittimino l'attesa di un nuovo ordine internazionale, autentico, non pretestuoso, capace finalmente di assicurare giustizia e pace ai popoli della Palestina e del Libano. Si aprono le Camere; ma rimane ermeticamente chiusa la logica che pretende di fondare l'assetto del mondo sull'uso della forza.

Si aprono le Camere; ma non si aprono sufficientemente gli occhi sul baratro sempre crescente tra i Paesi del Terzo Mondo e i Paesi dell'opulenza, così come, cifre allucinanti alla mano, la recentissima denuncia dell'ONU ha messo in evidenza. Si aprono le Camere; ma persistono i moduli sorpassati e discriminatori sulla chiusura delle frontiere.

Non chiudere gli occhi sui drammi del mondo

Auguri, allora, a voi, rappresentanti del popolo che oggi tornate a riunirvi. Una volta entrati nei due templi più sacri della rappresentanza popolare, non dimenticatevi dei problemi che vi lasciate alle spalle.

Certo, le questioni di politica interna sono gravissime. Ma sarebbe una sciagura se, assorbiti dal cumulo dei dosaggi e degli equilibri istituzionali, chiudeste gli occhi sui drammi che il mondo oggi sta vivendo.

In particolare, vorremmo mettervi in guardia dal pericolo di ripetere, con avalli troppo facilmente concessi, le vecchie condiscendenze che hanno visto l'Italia schierata nella guerra del Golfo. Voi vedete che si sta replicando lo scenario già noto. Con gli stessi fotogrammi rivisti alla moviola. Si comincia con l'embargo, per poi passare all'attacco armato, per concludere infine, quando i tempi (compresi quelli elettorali) saranno più opportuni, con la guerra di più forti proporzioni.

Ci auguriamo che l'Italia sappia esercitare un ruolo autonomo di efficace mediazione, senza supini adeguamenti ai voleri della Casa Bianca.

Per questo, facciamo assegnamento su di voi. Perché le risoluzioni del Consiglio di Sicurezza dell'ONU siano criticamente vagliate volta per volta, attraverso le necessarie deliberazioni parlamentari. Perché si faccia strada la consapevolezza che l'embargo contiene già un'altissima quota di violenza. Perché le Forze Armate italiane non partecipino ad azioni militari offensive. Perché il Mezzogiorno d'Italia non venga ulteriormente militarizzato col pretesto di nuove minacce da parte della Libia. Perché, nei confronti del mondo arabo nostro dirimpettaio, che domani sarà per noi un interlocutore di civiltà, possiate farvi portavoce di un'altra logica di approccio che non sia quella delle armi.

Il Parlamento, che si apre a ridosso della Pasqua, sia raggiunto dall'augurio di pace, primo dono di Cristo Risorto, e ultimo scoglio dal quale speriamo che nessuna tempesta riesca a schiodarvi.

Buona fortuna.

(22 aprile 1992)

25.

SERVIRE DA RISORTI

Il contrario di un popolo cristiano
è un popolo triste

La Chiesa segno di speranza nel mondo

Questo tema può essere affrontato in modo *diabolico* e in modo *simbolico*. Secondo l'etimologia, in modo *sim-bolico* significa affrontare il tema così che con uno sguardo se ne colga la totalità, la profondità. Affrontarlo in modo *dia-bolico*, invece, vuol dire in modo analitico, frammentario, diviso.

Se, dicendo che nel mondo oggi non c'è molta speranza, volessimo cercare le ragioni di questa disperazione, e indugiassimo a fare l'analisi logica e grammaticale delle tristezze umane, affronteremmo il tema in modo diabolico. In modo simbolico, invece, significa con uno sguardo d'insieme, con uno sguardo da innamorati, con colpi d'ala tesi a farci alzare dalla bassa quota a cui stiamo volando.

Nelle nostre prediche si corre spesso il rischio di razionalizzare troppo, di analizzare cause ed effetti di ogni realtà spirituale ed umana e, proprio perché non si parla in modo esistenziale e simbolico, la gente non si converte, rimane imbrigliata da impostazioni moraleggianti negative: sicché, invece di ricevere sussulti di speranza, viene coperta da tonnellate di amarezza.

La Parola di Dio che stamattina abbiamo meditato ci offre la possibilità di affrontare il tema della speranza in modo simbolico.

Leggiamo il capitolo 21,1-14 del Vangelo di Giovanni. Ci servirà da guida per le nostre riflessioni.

Il brano è diviso in tre parti:
1. la pesca infruttuosa della notte;
2. la pesca abbondante del mattino;
3. servire da risorti.

La pesca infruttuosa della notte

L'evangelista Giovanni, dopo aver presentato Gesù che conferisce la missione: «*Come il Padre ha mandato me, così io mando voi*» (Gv 20,21), riporta un episodio paradigmatico della missione della comunità dei discepoli al mondo. E ci indica anche le condizioni perché questa missione sia fruttuosa e possa portare speranza.

Quali sono queste condizioni? Possiamo ricavarle dalle seguenti riflessioni:

«*Si manifestò sul mare di Tiberiade*»

C'è qui un riferimento al cap. 6. La moltiplicazione-divisione dei pani e dei pesci avviene sul lago: di Genesaret o di Tiberiade. Vengono dati due nomi: il nome giudaico e il nome pagano. Qui vien detto mare di Tiberiade, e ciò sta a sottolineare il contesto pagano, in cui la missione ci viene presentata in questo capitolo di Giovanni.

«*Si trovavano insieme*»

Ma non tutti e dodici. Ci sono solo sette persone: Simon Pietro, Tommaso, Natanaele, i due figli di Zebedeo e altri due discepoli. Il numero 7 indica la totalità delle nazioni pagane. Il numero 12, invece, indica la totalità della casa d'Israele.

Quindi siamo in un contesto missionario: precisamente, una missione *ad gentes*.

Ora si trovavano insieme. C'è ogni elemento per far sì che questa sia una multinazionale della missione. C'è tutto, non manca niente. La barca c'è. Loro ci sono al completo. Ci sarebbero tutte le condizioni per un apostolato fruttuoso. Solidarizzano anche. Come non mai. Pietro disse: « *Vado a pescare* ». Gli altri risposero: « *Veniamo anche noi con te* ». Ma manca Cristo.

« *Vado a pescare* », dice Pietro. Cioè: vado a portare la speranza al mondo. Esco fuori.

Sotto l'immagine della pesca si rappresenta la missione della comunità. C'è chi prende l'iniziativa. C'è un capo, c'è un presidente in questa società per azioni. Però manca il Signore, manca lui.

« *In quella notte non presero nulla* »

La notte significa assenza di Gesù, che è la luce del mondo. « *Io sono la luce del mondo* » (Gv 8,12): se manco io, voi camminate nelle tenebre. L'infecondità quindi è dovuta alla mancanza di unione con Gesù Cristo: « *Senza di me non potete far nulla* » (Gv 15,5).

Chiusura nel presente, asfissia da futuro

Conclusione di questa prima parte: la notte del mondo da che cosa è rappresentata oggi per noi? Quello che viviamo è un momento storico drammatico, caratterizzato dalla chiusura nel presente, in cui diventa difficile prendere sul serio il futuro.

È un mondo paralizzato dalla paura del disastro planetario, nucleare. È un mondo che vive un trapasso segnato da una cultura senza un centro unificante. Una cultura in cui ogni frammento pretende di essere centro. La nostra è una società policentrica.

Chiusura nel presente, asfissia da futuro: questo caratterizza il mondo contemporaneo. Forse noi credenti un messaggio umile possiamo ancora darlo, senza l'arroganza di chi strumentalizza le paure della gente e ne utilizza i fallimenti con visioni apocalittiche.

Ma cosa abbiamo da dire? Io credo che noi dobbiamo riscoprire la comunione con Gesù Cristo, perché veramente senza di lui non possiamo far nulla.

Vedete, giovedì santo abbiamo celebrato la duplice lavanda dei piedi: la lavanda dei piedi dei discepoli, la sera, e la lavanda dei piedi del Cristo, la mattina.

L'olio profumato del mattino ci ricorda Maria di Betania che lava i piedi di Gesù e li asciuga con i suoi capelli... Quel lavare i piedi e stendere l'olio profumato è un gesto di amore, un gesto nuziale, un gesto di comunione.

Se manca la comunione con lui, cioè se non laviamo i piedi di Gesù con l'olio profumato della vita interiore, non è possibile lavare i piedi ai discepoli, la sera. Sembra che la Chiesa, preoccupata di vederci organizzare furiosamente il pediluvio della gente senza validi motivi interiori, abbia voluto farci intendere che è indispensabile prima lavare i piedi di Cristo con i gesti della profonda comunione nuziale con lui.

È lui che dobbiamo ricercare nella preghiera d'abbandono, nella esperienza contemplativa e nella consuetudine della vita, se non vogliamo che sui piedi dei poveri l'acqua si congeli, il catino si riduca a una romantica suppellettile e il grembiule diventi il simbolo della nostra sterilità faccendiera.

Se manca Gesù Cristo possiamo anche essere una comunità efficiente, possiamo avere la barca, uscire fuori casa, avere spirito di avventura — «*Io vado a pescare... Veniamo anche noi con te*». — Ma la nostra sarà solo una multinazionale della fede o della morale o forse anche della verità: una società per azioni.

Non sarà, però, una comunità che porta la speranza.

La pesca abbondante del mattino

«*Quando era già l'alba, Gesù si presentò sulla riva, ma i discepoli non si erano accorti che era Gesù*».

Quando una comunità è chiusa in se stessa, e bada alle proprie cose, e si estenua nell'autoconservazione, e si blocca nell'autodifesa, e si esaurisce nelle sue iniziative anche pregevoli... non si accorge della presenza di Gesù Cristo. Il lavoro senza essere uniti a Cristo non rende. Questi apostoli non si accorgono che c'è Gesù e sono disperati.

Gesù dice loro: «*Figlioli, non avete nulla da mangiare?*». Gli rispondono: «*No*».

È la risposta più corale, più assordante di tutto il Vangelo: gli rispondono con un *no* secco. Proprio la sfiducia completa. L'abbattimento. La delusione.

Allora Gesù dice: «*Gettate la rete dalla parte destra della barca e troverete*». La gettarono e non potevano più tirarla su per la grande moltitudine di pesci. Il termine greco *moltitudine* (*plètos*) viene usato un'altra volta soltanto da Giovanni: «una moltitudine di infermi, ciechi, zoppi, e paralitici» (5,3). Sembra quasi che si voglia dire che i discepoli, per fare la pesca abbondante, devono rivolgersi al popolo degli oppressi, dei poveri, al popolo di coloro che sono abbandonati, che hanno perso la speranza. In questa massa di gente il frutto sarà sempre abbondante.

Penso, comunque, che la parola più importante da meditare in questa seconda parte sia quel *no*, pesante come un macigno, terribile come una tragedia, tetro come una cronica tristezza senza scampo. Dobbiamo uscire dallo spirito di quel *no*. Che è spirito di scoraggiamento.

A noi non è lecito essere tristi.

Nella Messa Crismale, in cui abbiamo consacrato l'olio dell'esultanza, e in tutta la liturgia in genere, che cosa è mai questa caparbia insistenza sul tema della letizia, se non il segnale luminoso che a noi popolo di consacrati non è assolutamente lecito essere tristi?

Il contrario di un popolo cristiano è un popolo triste.

Purtroppo, siamo spesso spenti. Non siamo risorti. Siamo come gli apostoli che non si accorgono della presenza di Gesù. Vediamo i nostri fallimenti, le falle sulla fiancata della nostra barca, e siamo assaliti dall'idea della resa incondizionata. Quanti atteggiamenti spirituali intrisi di tedio, permeati di rassegnazione, impregnati di fatalismo, corrosi dal calcolo!

Per uno strano vizio che sa tanto di computisteria aziendale, siamo portati a contabilizzare le cose che non vanno più che a decifrare i segni della fecondità silenziosa. Il lamento prevale spesso sullo stupore. Lo sconforto prevale sulla gratitudine. Il calcolo sulla speranza. E le foglie che cadono ci sgomentano più di quanto ci facciano trasalire di gioia le gemme che rompono la vecchia corteccia dell'albero.

Ci manca lo sguardo *simbolico*. Dobbiamo proprio diventare bambini. I bambini sono capaci di simboli.

Non voglio esortarvi alle facili contentature, né esporvi al pericolo di alienanti ottimismi. Ma desidero introdurre una dose maggiore di serenità nel vostro lavoro. D'altra parte qui la riflessione che possiamo fare in modo più esistenziale è che chi è chiamato a lavare i piedi di Gesù con l'unguento dell'intimità nuziale, fonte inesauribile di gioia, non può tradire sul volto i segni del disappunto, solo perché gli sembra che l'organizzazione del pediluvio al prossimo non proceda secondo le tabelle di marcia preventivate della ditta.

«*Non avete nulla da mangiare?... No*». Ma sì che ne avrebbero avuto. No, non si erano accorti della presenza di Gesù.

Noi siamo chiamati a lavare con l'olio, come la sposa, i piedi dello sposo. La sposa ha l'obbligo di asciugare i piedi di Gesù con i suoi capelli. La sposa siamo noi. Maria di Betania siamo noi, chiamati a questa comunione.

Coraggio, la spiritualità della gioia non si risolve in una operazione di *maquillage* fatuo e ingannatorio: parte da una considerazione che la faccia oscura danneggia l'etica oltre che l'estetica.

Se cogliamo l'invito ad essere lieti nel nostro servizio, certamente se ne avvantaggerà l'annuncio del Regno di Dio.

Non sono le tecniche aziendali che ci mancano: è, forse, la mancanza di amore, di passione, di trasporto.

Il Signore ci preservi dalle parole di Giuda, il quale, insensibile al profumo del nardo, avverte solo il tintinnare dei soldi e invece di percepire la lucentezza dell'olio si lascia sedurre dallo scintillio dell'argento.

Qualcuno dirà: questa è bella poesia, ma intanto... il mondo ci assale con i suoi problemi: i divorziati, i drogati, i poveri, gli emarginati, i terzomondiali...

Liberiamoci dalla mentalità dell'efficienza che subordina il sorriso all'andamento di mercato. Non è giusto che si sorrida soltanto se il mercato spirituale va bene!

Lasciamo da parte l'animo del funzionario e rivestiamoci stabilmente di letizia, consapevoli che a chi si adopera nel lavare i piedi di Cristo i conti non si chiudono mai in passivo.

Servire da risorti

L'ultima parte in questa pagina bellissima del Vangelo si riferisce al riconoscimento di Gesù.

È Pasqua: è il momento della speranza che esplode. «*Allora quel discepolo che Gesù amava disse a Pietro: È il Signore*».

Simon Pietro udì che era il Signore. Volendosi rifare delle figuracce di quegli ultimi giorni, si cinse ai fianchi la sopravveste, poiché era spogliato, e si gettò in mare.

«*Si cinse la sopravveste*». Lo stesso verbo che indica il cingersi dell'asciugatoio da parte di Gesù nell'ultima cena. Si cinge questa veste, la veste del servizio, così come fece Gesù la notte del giovedì santo. C'è la disponibilità ad assumere i sentimenti di Cristo che si fa servo, c'è il riscatto di quella protesta: «*Tu non mi laverai i piedi*».

Ecco si cinse la sopravveste e poi si gettò in mare. La disponibilità al servizio fino alla morte. È l'unico che si gettò in mare con la sopravveste. Il mare rappresenta appunto il mondo.

Questa è la consacrazione alla missione di Pietro. Gli altri discepoli vennero invece con la barca: non avevano bisogno di pagare grossi debiti contratti con la loro cattiva condotta. Infatti «*non erano lontani da terra se non un centinaio di metri*». La terra rappresenta la comunità, il mare il mondo. Solo Pietro sente il bisogno di gettarsi in mare.

Appena scesero a terra, videro un fuoco di brace, e del pesce sopra, e del pane. Disse loro Gesù: «*Portate un po' del vostro pesce*». Gesù ha bisogno del nostro apporto.

Capite come siamo importanti? Capite come è essenziale anche il nostro contributo, la nostra disponibilità, la nostra capacità di rivestirci dei sentimenti di Cristo, di indossare la sopravveste e di gettarci nel mare, ma con generosità missionaria veramente grande?

«*E benché fossero tanti i pesci, la rete non si spezzò*».

Centocinquantatré pesci: la totalità (153 è la somma di tre gruppi di cinquanta, più tre che è appunto il moltiplicatore).

La rete non si spezzò: anche qui il riferimento è evidente al mantello di Gesù che non deve essere diviso, all'agnello cui non sarà rotto alcun osso. C'è un richiamo alla solidarietà, alla comunione, all'unità. Il primo servizio che dobbiamo rendere è quello della comunione. Siamo chiamati a essere «servi della comunione». Questa deve essere la nostra brillante carriera!

«*Poi Gesù disse loro: Venite e mangiate. Nessuno dei discepoli osava domandargli: Chi sei? Sapevano bene che era il Signore*», sì, perché quando si mangia, quando si spezza il pane, quando si serve, Gesù Cristo lo si riconosce subito: «*lo riconobbero allo spezzar del pane*» (Lc 24,31.35).

Noi dobbiamo imparare di più a stare insieme. Solo allora si realizzerà quello che accadde a Betania: tutta la casa si riempì di profumo.

Il Signore ci aiuti a spandere in casa e nel mondo il buon profumo di Cristo. Profumo nella casa, la comunione. Profumo nel mondo, la speranza.

Qual è questo profumo di unguento di cui dobbiamo riempire la casa e qual è questo buon profumo di Cristo che dobbiamo diffondere nel mondo?

Non penso si faccia molta fatica a rispondere.

Il profumo che deve riempire la casa è l'intimità nuziale con Cristo. Da lui deriva la comunione. Che non è semplice compattamento aziendale.

Miei cari fratelli, vi supplico in nome di Cristo e con tutta la forza che deriva dalla missione che lo Spirito Santo mi ha affidato: *deponiamo le divisioni.*

È vero che, se siamo compatti ma manca lui, è inutile il nostro lavoro; però, se siamo divisi, è soltanto una pretesa quella di dire che Gesù Cristo è con noi: non è con noi.

Accantoniamo le contese, eliminiamo le rivalità. Con la nostra peccaminosa frantumazione corriamo il rischio di essere più crudeli dei soldati romani sul Golgota, i quali non solo non lacerarono la tunica, ma non gli ruppero nessun osso, e lasciarono intatto sulla croce l'Agnello pasquale ucciso per i nostri peccati.

Lavoriamo insieme su progetti comuni. Gareggiamo nello stimarci a vicenda. Portiamo gli uni i pesi degli altri.

Convinciamoci che non sono credibili le nostre parole se perseveriamo in squallidi esercizi di demolizione reciproca. L'olio profumato della comunione ci faccia camminare insieme. Ci raccolga a tavola insieme.

Come l'olio di Betania, quello della comunione ha un prezzo altissimo. Noi dobbiamo pagarlo senza sconti, anche perché non è un prodotto commerciabile, in vendita nelle nostre profumerie, né è il frutto dei nostri sforzi. È un dono di Dio che dobbiamo implorare senza stancarci. Ma l'otterremo e la nostra Chiesa si riempirà tutta del suo profumo.

Il profumo che deve riempire il mondo è il servizio fraterno ricco di speranza.

Dobbiamo servire il mondo, ma da risorti.

Di servizio se ne compie nella Chiesa, e tanto anche. A volte, fino all'esaurimento. Ci schieriamo con i poveri, facciamo mille sacrifici, aiutiamo la gente... ma non con l'anima dei risorti, bensì con l'anima degli stipendiati. Perché non sempre col nostro servizio annunciamo Cristo speranza del mondo. Annunciamo più noi stessi e la nostra bravura, che lui! Appariamo non di rado un'organizzazione che incute rispetto; spesso anche paura, soggezione. Ma non siamo i viandanti entusiasti che insieme con gli altri dirigono i propri passi verso Cristo risorto.

La Chiesa non deve mai collocarsi come un assoluto. L'assoluto è il suo Signore Gesù Cristo. La Chiesa è serva umile. Starei per dire: Quanto più si toglie di mezzo meglio è, per far risplendere lui, Gesù Cristo, lo sposo che arriva. Un giorno lei, la Chiesa, sarà introdotta alle nozze con l'Agnello: e solo allora ci sarà gloria anche per essa. Prima no. Ogni tentativo di anticipazione della gloria sarebbe appropriazione indebita.

Educhiamoci, inoltre, *all'accoglienza della diversità*. Solo così la Chiesa diventerà segno di speranza per il mondo.

La comunione con Gesù Cristo (l'olio sui piedi), la comunione con i fratelli (l'acqua versata sui piedi), il servizio e la convivialità, e, infine, la gioia pasquale... sono questi i segni della speranza.

Conclusione

Chiudo con due indicazioni

«*Raccontaci, Maria, che hai visto sulla via?*»

Sulla via. Non dall'elicottero, come usiamo noi, che, anche quando facciamo l'analisi della situazione, ci mettiamo *al di là*, da bravi, e diciamo: «Il mondo va male. Il mondo è frammentato, policentrico, con asfissia da futuro...». Begli slogan che ci girano attorno, di cui ci gonfiamo la bocca. Questa è la mentalità dell'elicottero: noi stiamo al di sopra, vediamo come si evolvono le cose, e siamo sempre quelli che danno soluzioni.

Che hai visto sulla via?

Ti sei messo sulla strada compagno di misericordia, compagno che mangia il pane del mondo, che condivide le sofferenze del povero? Questo è il nostro compito, miei cari fratelli: stare sulla via, per condividere l'esperienza del Cristo con i fratelli di viaggio.

«Ho visto la tomba del Cristo vivente»

Qual è la tomba del Cristo vivente?

Le sofferenze del povero. Cristo che vive nella tomba dei miei fratelli: questo è il Cristo vero.

Quando parliamo del povero, dello sfrattato, non parliamo di categorie sociali soltanto: parliamo di *categorie religiose*. Sono il sepolcro del Cristo vivente.

La visita ai sepolcri, che abbiamo tolto dalla nostra consuetudine liturgica durante la settimana santa, deve rimanere nella nostra consuetudine morale.

Che hai visto? «*Il sepolcro di Cristo vivente*».

E che altro? «*La gloria di Cristo*».

Quale gloria? La grazia, la gloria in esilio. «*La gloria di Dio è l'uomo vivente*».

Vedere il sepolcro del Cristo vivente, sulla strada.

Vedere la gloria in esilio che ha preso dimora in coloro che, credendo in Gesù Cristo, sono risorti con lui.

Se sapremo *vedere* questi due grandi segni, alimenteremo l'unica speranza che non delude.

(Pasqua 1989)

26.

L'ULTIMA PREDICA CHE IL MONDO PUÒ CAPIRE

Inaugurazione del Centro di Solidarietà: «Fate la carità in modo che i poveri ve la possano perdonare»

La carità senza suonare le campane

Qualcuno ha detto che la carità è come una Messa solenne, che però va celebrata senza suono di campane. Non sopporta, cioè, né i sussurri del compiacimento, né le grida della teatralità devota, e, tanto meno, il chiasso delle esposizioni pubblicitarie. Anzi, ama a tal punto il silenzio, che questo diviene la condizione indispensabile perché il dono non si tramuti in offesa.

Già Alessandro Manzoni parlava di
«quel tacer pudìco,
che accetto il don ti fa».

E i santi, prima di lui, ammonivano: «Fate la carità, in modo che i poveri ve la possano perdonare».

Se, però, portare a conoscenza della nostra comunità diocesana un fatto carico di speranza, come quello costituito dalla inaugurazione del Centro di Solidarietà della Caritas, può rappresentare un incoraggiamento per tutti, penso che sia perdonabile, almeno una volta tanto, quel tasso eccedente di esibizione che, a essere sinceri, sembra un po' troppo parente stretto della vanagloria.

D'altra parte, Gesù, che ci ha esortati a non far sapere alla mano destra quello che fa la sinistra, si è detto pienamente d'accordo sull'opportunità che gli uomini debbano conoscere le nostre opere buone e, per esse, siano indotti a glorificare il Padre che è nei cieli (cfr. Mt 5,16; 6,3).

«*Fa' che ci impegniamo lealmente...*»

A costo, pertanto, di rischiare un piccolo peccato d'orgoglio, lodiamo il Signore perché pare che voglia prendere sul serio quella preghiera con cui tante volte l'abbiamo implorato: «Donaci occhi per vedere le necessità e le sofferenze dei fratelli... Fa' che ci impegniamo lealmente al servizio dei poveri e dei sofferenti».

Il Centro di Solidarietà vuole rispondere proprio a questi bisogni.

— Essere, anzitutto, l'occhio che abilita la comunità ecclesiale a «vedere». Non possiamo nasconderci che, talvolta, preoccupanti forme di miopia ci hanno impedito di scorgere Lazzaro perfino sui limitari delle nostre chiese. Che conclamati difetti di strabismo hanno provocato dissociazioni incredibili tra l'urgenza della domanda e la pigra lentezza delle nostre risposte. E che accentuate anomalie daltoniche non ci hanno permesso tempestivamente di distinguere, tra i tanti colori del caleidoscopio umano, il colore sanguinante della povertà.

— In secondo luogo, esprimersi come il laboratorio da dove partano quegli «imput» intelligenti e carichi di passione che diano al nostro impegno cristiano cadenze di concretezza, riscattino le nostre parole dal pericolo della sterilità, e mutino finalmente le pietre del nostro egoismo nel pane, caldo di forno, della solidarietà e della condivisione.

— Offrirsi, infine, come la stazione provvisoria per tutti quei casi in cui la progettualità organica deve scendere a patti con l'emergenza, i disegni lungimiranti devono abbassarsi ai livelli del pronto soccorso, e le voglie eroiche di risanamento in radice delle sofferenze del prossimo devono tradursi nei rimedi ingenui dell'olio e del vino del buon samaritano.

Il Signore ci liberi dall'appagamento dei pannicelli caldi. Ma ci eviti anche la superbia di disdegnarli, quando essi sono l'unico espediente perché il fratello non muoia assiderato. Il Risorto ci metta in cuore una gran voglia di testimoniarlo, cercando il suo volto nelle sembianze del povero. Abbandoniamoci con gioia a questo annuncio fatto con le opere.

Forse è l'ultima predica che il mondo contemporaneo è disposto ancora ad ascoltare fino in fondo.

(9 febbraio 1989)

27.

IL DIO DELL'ATTESA

Un «checkup» collettivo in fatto di comunione per riscoprire la speranza dalla parte di Dio

Un campionario di speranze e di promesse

Noi guardiamo l'Avvento un po' troppo dalla parte dell'uomo. Forse bisognerebbe guardarlo di più dalla parte di Dio.

Mi spiego.

C'è una parola chiave che caratterizza quest'arco dell'anno liturgico, e attorno alla quale noi articoliamo abilmente i contenuti dell'annuncio cristiano: *attesa*.

È come una bambola russa. Ad aprirla, cioè, ne trovi un'altra: *vigilanza*. Se apri anche questa, ci trovi dentro: *speranza*. E così via, fino a giungere alle più interessanti sottospecie della stessa famiglia. Messe tutte allo scoperto, queste bambole riempirebbero un tavolo di buoni sentimenti. È un gioco bellissimo di implicazioni e di esplicazioni, che ci fa vedere quanto sia esteso il fronte su cui deve esprimersi la nostra conversione in questo periodo che ci prepara al Natale.

Attesa. Vigilanza. Speranza. Preghiera. Povertà. Penitenza. Conversione. Testimonianza. Solidarietà. Pace. Trasparenza.

Dopo aver commentato i testi biblici, sarebbe interessante sedersi attorno al tavolo con la gente e chiedere, per ogni bambola russa, il nome delle altre successivamente racchiuse.

Ne verrebbe fuori un campionario di atteggiamenti interiori davvero interessante che, proprio perché elaborato da un processo critico, potrebbe essere assunto con più facilità come telaio ascetico su cui disegnare il cammino dell'Avvento.

Ma, con questa procedura, si rimane ancora un po' troppo dalla parte dell'uomo. Si dà troppo l'impressione, cioè, che questo periodo costituisca un espediente ciclico che, con le sue risorse, ci stimola a ricentrare la vita sul piano morale. E basta.

Senza dubbio, tutto questo non è sbagliato. Però, si corre il rischio di trasformare l'Avvento in una specie di palestra spirituale, in cui si pratica l'allenamento intensivo alle buone virtù. La qual cosa resta sempre un'esercitazione eccellente, ma dà un'immagine riduttiva di questo grande momento di grazia.

Occorre allora guardare le cose anche dalla parte di Dio.

Dio attende il ritorno dell'uomo

Sì, perché anche in cielo oggi comincia l'Avvento. Il periodo dell'attesa.

Qui sulla terra è l'uomo che attende il ritorno del Signore. Lassù, nel cielo, è il Signore che attende il ritorno dell'uomo. È una visione prospettica splendida, che ci fa recuperare una dimensione meno preoccupata degli aspetti morali della vita cristiana e più interessata a cogliere il disegno divino di salvezza.

Forse si potrebbe ripetere anche qui il gioco delle bambole russe. Visto che anche per Dio la parola chiave dell'Avvento è *attesa*, quali ulteriori parole si potrebbero successivamente trovare l'una all'interno dell'altra?

Si può provare a indicarne due, cogliendo l'anima dei testi biblici proclamati: *salvezza* e *pace*.

La parola *salvezza* evoca il progetto finale di Dio, così come viene abbozzato nelle prime letture e nel salmo responsoriale. I popoli che salgono al monte del Signore e che esultano finalmente dinanzi a Gerusalemme esprimono il trasalimento di Dio, che vede raccolte attorno a sé tutte le genti, nello stadio finale del Regno.

Attese irresistibili di comunione. Solidarietà con l'uomo. Bisogno di comunicargli la propria vita. Disponibilità a un perdono senza calcoli. Questi sono i sentimenti di Dio, così come ci vien dato di coglierli nella filigrana delle letture.

Oggi è impossibile, durante la liturgia, non rifarsi alla tenerezza del Padre, alle sue sollecitudini, alle sue ansie per il ritorno a casa di ogni figlio. Viene in mente l'espressione della parabola del figliol prodigo: «*Mentre era ancora lontano, il padre lo vide*» (Lc 15,20).

Di qui, lo scatenarsi della speranza in ognuno di noi.

Coraggio: «*La notte è avanzata, il giorno è vicino. La nostra salvezza è più vicina ora di quando diventammo credenti*» (Rm 12,11-12).

Di qui anche lo scatenarsi dell'impegno.

Un «checkup» collettivo in fatto di comunione

Che cosa fare per non deludere le attese del Signore? Quali sono le opere delle tenebre che bisogna gettare, e le armi della luce di cui bisogna rivestirsi? Non si potrebbero oggi invitare i fedeli, magari con opportuni silenzi, a fare il loro *checkup*, individuale e collettivo, in fatto di comunione?

Forse si torna ancora al prontuario dei buoni atteggiamenti morali, ma stavolta come galassia di impegni, affinché la gioia di Dio sia completa. La parola pace evoca, invece, tutta una serie di percorsi obbligati per poter giungere alla salvezza.

Oggi non bisogna lasciarsi sfuggire l'occasione della concretezza, per dire senza frasi smorzate che pace, giustizia e salvaguardia del creato sono il compito primordiale di ogni comunità cristiana. Che attingere a piene mani alla riserva utopica del Vangelo è l'unico realismo che oggi ci venga consentito. Che osare la pace per fede, sfidando il buon senso della carne e del sangue, è la prova del nove sul credito che sappiamo esprimere a favore della Parola del Signore. Che la nonviolenza attiva deve divenire criterio irrinunciabile che regola tutti i rapporti personali e comunitari.

La prima lettura (Is 2,2-5) non tollera interpretazioni di comodo. Se noi cristiani permetteremo l'ingrandirsi degli arsenali delle spade e delle lance a danno dei depositi dei vomeri e delle falci, non risponderemo alle attese di Dio.

Così pure, se non sapremo leggere in termini fortemente critici le esercitazioni dei popoli nell'arte della guerra, sviliremo Isaia, estingueremo la nostra carica profetica, e difficilmente, nella notte di Natale, potremo accogliere l'esplosione dello *shalom*, annunciato dagli angeli agli uomini che Dio ama.

(novembre 1989)

28.

DIO AMA TUTTI MA PREFERISCE I POVERI

Meditazione sul Magnificat: Maria, donna di parte schierata con quelli che perdono

Non è una «Marsigliese» ante litteram

No, Maria non fu neutrale. Basta leggere il *Magnificat* per rendersi conto che Maria si è schierata. Ha preso posizione, cioè. Dalla parte dei poveri, naturalmente. Degli umiliati e offesi di tutti i tempi. Dei discriminati dalla cattiveria umana e degli esclusi dalla forza del destino. Di tutti coloro, insomma, che non contano nulla davanti agli occhi della storia.

Non mi va di avallare certe interpretazioni che favoriscono una lettura puramente politica del *Magnificat*, quasi fosse, nella lotta continua tra oppressi e oppressori, una specie di «Marsigliese» *ante litteram* del fronte cristiano di liberazione. Significherebbe ridurre di gran lunga gli orizzonti dei sentimenti di Maria, che ha cantato liberazioni più profonde e durature di quelle provocate dalle semplici rivolte sociali. I suoi accenti profetici, pur includendole, vanno oltre le rivendicazioni di una giustizia terrena, e scuotono l'assetto di ben più radicali iniquità.

Sta di fatto, però, che, sul piano storico, Maria ha fatto una precisa scelta di campo. Si è messa dalla parte dei vinti. Ha deciso di giocare con la squadra che perde. Ha scelto di agitare come bandiera gli stracci dei miserabili e non di impugnare i lucidi gagliardetti dei dominatori.

Si è arruolata, per così dire, nell'esercito dei poveri. Ma

senza roteare le armi contro i ricchi. Bensì, invitandoli alla diserzione. E intonando, di fronte ai bivacchi notturni del suo accampamento, perché le udissero dall'alto, canzoni cariche di nostalgia.

Ha esaltato, così, la misericordia di Dio. E ci ha rivelato che è partigiano anche lui, visto che prende le difese degli umili e disperde i superbi nei pensieri del loro cuore; stende il suo braccio a favore dei deboli e fa rotolare i violenti dai loro piedistalli con le ossa in frantumi; ricolma di beni gli affamati e si diverte a rimandare i possidenti con un pugno di mosche in mano e con un palmo di naso in fronte (cfr. Lc 1,46-55).

Unire ex oppressi ed ex oppressori

Qualcuno forse troverà discriminatorio questo discorso, e si chiederà come possa conciliarsi la collocazione di Maria dalla parte dei poveri con l'universalità del suo amore e con la sua riconosciuta tenerezza per i peccatori, di cui i superbi, i prepotenti e i senza cuore sono la razza più inquietante.

La risposta non è semplice. Ma diventa chiara se si riflette che Maria non è come certe madri che, per amor di quieto vivere, danno ragione a tutti e, pur di non creare problemi, finiscono con l'assecondare i soprusi dei figli più discoli. No. Lei prende posizione. Senza ambiguità e senza mezze misure. La parte, però, su cui sceglie di attestarsi non è fortilizio delle rivendicazioni di classe, e neppure la trincea degli interessi di un gruppo. Ma è il terreno, l'unico, dove lei spera che un giorno, ricomposti i conflitti, tutti i suoi figli, ex oppressi ed ex oppressori, ridiventati fratelli, possano trovare finalmente la loro liberazione.

Preghiera a Maria, donna di parte

Santa Maria, donna di parte, come siamo distanti dalla tua logica! Tu ti sei fidata di Dio e, come lui, hai scommesso tutto sui poveri, affiancandoti a loro e facendo della povertà l'indicatore più chiaro del tuo abbandono totale in lui, il quale «*ha scelto ciò che nel mondo è stolto per confondere i sapienti; ha scelto ciò che nel mondo è debole per confondere i forti; ha scelto ciò che nel mondo è ignobile e disprezzato e ciò che è nulla per ridurre a nulla le cose che sono*» (1Cor 1,27-29).

Noi, invece, andiamo più sul sicuro. Non ce la sentiamo di rischiare. Ci vogliamo garantire dagli imprevisti. Sarà pure giusto lo stile aleatorio del Signore, ma intanto preferiamo la praticità terra terra dei nostri programmi. Sicché, pur declamando con la bocca i paradossi di Dio, continuiamo a fare assegnamento sulla forza e sul prestigio, sul denaro e sull'astuzia, sul successo e sul potere.

Quando ci decideremo, sul tuo esempio, a fare scelte umanamente perdenti, nella convinzione che solo passando dalla tua sponda potremo redimerci e redimere?

Santa Maria, donna di parte, tienici lontani dalla tentazione di servire a due padroni. Obbligaci a uscire allo scoperto. Non farci essere così incauti da voler sperimentare impossibili conciliazioni degli opposti. Preservaci dal sacrilegio di legittimare, per un malinteso senso dell'universalità cristiana, le violenze consumate a danno degli oppressi. Quando, per non dispiacere ai potenti o per paura di alienarcene i favori, pratichiamo sconti sul prezzo della verità, coprici il volto di rossore. Liberaci dall'indifferenza di fronte alle ingiustizie e a chi le compie. Ma donaci la tolleranza. Che è un'attitudine sperimentabile solo se si sta dalla parte dove ti sei messa tu. Perché, in fondo, anche noi siamo di parte. Ma i recinti che ci racchiudono trasudano scomuniche, sanno di setta, sono privi di attese, e non hanno profumi di liberazioni imminenti.

Santa Maria, donna di parte, noi ti preghiamo per la Chiesa di Dio, che, a differenza di te, fa ancora tanta fatica ad allinearsi coraggiosamente con i poveri. In teoria essa dichiara l'«opzione preferenziale» in loro favore. Ma in pratica rimane spesso sedotta dalle manovre accaparratrici dei potenti. Nelle formulazioni dei suoi progetti pastorali decide di «partire dagli ultimi». Ma nei percorsi concreti dei suoi itinerari si mantiene prudenzialmente al coperto, andando a braccetto coi primi.

(1992)

29.

LA SPERANZA A CARO PREZZO

Voglia di solidarietà e sfide della violenza per la Giornata della Pace

A Sud del Nord il cuore d'Europa

Molfetta, la Puglia vi dà un caro saluto di accoglienza.

Siete in una terra che soffre, in cui ogni giorno diviene più alto il prezzo della speranza. Siamo, tutti insieme, in una storia che soffre, in cui la speranza diviene una valuta sempre più esigente, un po' come il grande marco.

Questa terra, la terra di Puglia, una volta fregiata del riconoscimento di «California del Sud» accoglie la vostra presenza come un segno, un simbolo di solidarietà.

La terra in cui vi trovate questa sera è come una finestra aperta da cui osservare tutte le povertà che incombono, come la miccia accesa di un ordigno di morte, sulla nostra storia. Per questo siete qui: perché è una terra-finestra, una terra-simbolo, una terra-speranza, una terra-frontiera, una terra *finis-terrae*. Da questa terra-finestra si scruta bene l'Adriatico in fuoco: il crollo dell'Albania come il fuoco della Jugoslavia; si distingue bene il Mediterraneo miccia, nuova trincea, nuovo invisibile muro che curva la nostra regione come un arco di guerra puntato dal Nord verso il Sud del mondo: il radicalmente altro che è musulmano e il radicalmente impoverito che è l'africano; ma da questa finestra, a Sud del Nord, si discerne bene anche l'Europa madre, centro, la logica con cui condivide la sua crisi e le sue paure con i suoi Sud interni, con le sue periferie, potremmo dire con i suoi poveri. Insomma siete nella terra dove la speranza è sfidata ogni giorno dalla violenza, dove uno stadio mondiale vale più dello sviluppo di una città come Bari, dove le esigenze strategiche pesano di più dell'esplosione di una città come Taranto con i suoi cinquantottomila disoccupati, dove le logiche di partito contano più del crimine che si organizza come una vera struttura sociale, retta da un apparato di venticinquemila uomini; dove le ragioni di Stato prevalgono su quelle dei più elementari diritti umani, come è stato lo scorso anno per gli Albanesi, e come accade ogni giorno per gli extracomunitari di colore; dove le ragioni delle banche tedesche non possono sentire il gemito dei contadini produttori di olio, vino e grano.

Sottosviluppo e speranza

Siete in una terra dove muore un morto ammazzato ogni due giorni, dove si uccide un sindaco perché rifiuta la condiscendenza, dove l'istituto regionale accumula il debito più scandaloso d'Italia, siete in una delle otto aree che la Comunità Europea considera di deriva del sottosviluppo. In questa terra, che è anche vostra, che è un gemito di speranza, sofferto, difficile che però si organizza pagando prezzi altissimi.

Siete anche nella terra della speranza: dove si è espresso il più grande movimento popolare antinucleare d'Europa; dove i vescovi firmano sia «arca di pace e non arco di guerra»; dove una trama operosa di gruppi, comunità, cooperative costruisce già il diverso; dove la gente semplice accoglie, anche clandestinamente, ciò che lo Stato rifiuta, come gli Albanesi; dove il popolo è già in esodo contro la violenza, come a San Vito, a Taranto, a Molfetta.

La speranza è a caro prezzo: qui non si enuncia, lo si vive, lo si testimonia, pagando.

(31 dicembre 1992)

30.

RILEGGERE CRISTIANAMENTE LA STORIA CON UNA CORALE IMPLORAZIONE DI PERDONO

Preghiera a Cristo, fratello degli ultimi

La stabilità dell'eterno nella clessidra del mutamento

Eccoci davanti a te, Signore della storia, fratello solidale con gli uomini, Dio estroverso, che hai impregnato della tua presenza il tempo e lo spazio, amore segreto verso cui fremono di incoercibili spasimi gli abissi del mare, i tumulti delle foreste e le traiettorie del firmamento, *alfa* da cui si diparte il compitare delle stagioni e *omega* verso cui precipita la piena dei tempi, scaturigine primordiale dei fiumi delle umane civiltà, e ultimo approdo verso cui, in un interminabile conto alla rovescia, battono le sfere di tutti gli orologi terreni... Verbo incarnato, che riassumi nel tuo mistero la stabilità dell'eterno e la clessidra del mutamento, noi ti contempliamo stasera come archetipo della missione che hai affidato alla tua Chiesa: quella di introdurre te nelle culture del mondo, riproducendo quell'*admirabile commercium* che prese forma quando ti sei fatto carne nel grembo della Vergine Maria e hai posto la tua tenda in mezzo a noi.

Signore Gesù, Dio fatto uomo, sei tu il paradigma essenziale di quel rapporto tra fede e cultura che oggi si ripropone a noi, chiamati a recitare le partiture della storia della salvezza, sugli scenari della transizione. Accoglici, pertanto, alla tua presenza, Signore, e facci sostare per un poco davanti a te.

Figli spaesati di quest'epoca postmoderna, vogliamo sperimentarti come provocazione a uscir fuori dalla nostra terra, pur senza abbandonarla, — così come tu, pur senza abbandonarlo, sei uscito dal tuo cielo, — e collocarci sul crocevia delle culture, non per dirigerne il traffico o per canalizzarle nell'omologazione, ma per capirne le spinte di tendenza e svelare sommessamente, a chi non ha sottomano le topografie planetarie dello Spirito, che tu sei l'*éskaton* verso cui precipita la storia.

L'umanità «deificata» ma non distrutta

Signore Gesù, noi vogliamo ringraziarti anzitutto per una scheggia di luce precipitata nella *Gaudium et spes* (e incuneatasi nel numero 22): «*Con l'incarnazione, il Figlio di Dio si è unito in certo modo a ogni uomo*». Dunque, la natura umana, non l'hai unita a te, per così dire, per simboli. La nostra storia non l'hai condivisa assumendola per categorie complessive. Con le vicende terrene, non ti sei rapportato sfiorandole appena col battito generico delle tue palpebre. Ti sei unito a me, a Paolo, a Deborah, a Sandro distrutto dall'Aids, a Marina consumata dal vizio, all'aborigeno della Terra del Fuoco genuflesso dinanzi ai suoi *totem* tribali, all'esquimese nato stanotte in un igloo della Groenlandia, al vecchio Mohamed, un tempo beduino per i deserti del Magreb e ora nomade per le solitudini allucinanti delle nostre arterie metropolitane.

I nostri corpi e i nostri spiriti sono divenuti così la prima cultura concreta dove tu ti sei nascosto per farti assimilare da noi o per farci assorbire da te. Le nostre storie personali si sono incrociate con la tua presenza divina, a tal punto che ognuno di noi può considerarsi come l'icona primordiale di quell'altro incontro, sempre discreto e mai prevaricatore, che, a livelli più globali, deve realizzarsi tra fede e cultura. Tu ti dai a tutti, ma senza farti imprigionare da nessuno. Entri in comunione con tutte le culture, ma nello stesso tempo le trascendi e non ti identifichi stabilmente con nessuna di esse.

Ma vogliamo ringraziarti anche perché, come dicono i primi concili della Chiesa, «la natura umana è stata assunta da te, senza per questo essere annientata. *Theothèisa ouk anerethé*». L'hai deificata, ma senza distruggerla. L'hai innalzata, ma senza violentarla. L'hai amata perdutamente, ma senza soffocarla negli abbracci.

Sei davvero un Signore impareggiabile, e noi non sappiamo se è più giusto piangere di commozione per essere stati elevati alla dignità di figli di Dio, o urlare di fierezza perché perfino Dio non ha osato manipolare i connotati della nostra carta d'identità.

Ci hai offerto, così, lo schema di come oggi la fede deve porsi, con discrezione e rispetto, di fronte alle culture. Ci hai consegnato il manuale pratico di come la Chiesa deve rapportarsi con le civiltà che incrocia di volta in volta sul suo plurimillenario cammino. Grazie perciò perché ci hai modellato, sul tuo esempio, lo stile missionario della Chiesa.

Tu non sei venuto a civilizzare i poveri, ma a evangelizzarli. Non sei sceso a colonizzarci, ma a stringere alleanze paritetiche con noi. Non hai considerato l'umanità come zona depressa da occupare, sia pure a fin di bene, con l'alterigia dei conquistatori, ma come *partner* con cui stabilire e osservare intese bilaterali.

Duemila anni per liberare il Vangelo

Sono trascorsi duemila anni da quel grande *rendez-vous* tra cielo e terra, e la Chiesa, a cui avevi commissionato i successivi *rendez-vous* tra fede e culture, nel suo generoso impegno missionario, ha portato avanti, tra fatiche e incomprensioni, e spesso impreziosendolo col sangue del martirio, quel processo di inculturazione della fede di cui ci hai offerto il modello nel tuo primo impatto con la storia dell'umanità, e che continui a offrirci ogni volta che si realizza il tuo incontro personale con noi.

La storia di Cirillo e Metodio è solo la versione europea

del grande anelito di comunicare la buona notizia a culture diverse: il loro esempio di fedeltà a Dio, ma anche di fedeltà all'uomo, è stato seguito dai grandi missionari che, in Cina o nel Paraguay, nell'Africa nera o nel centro del Nuovo Continente, si sono incarnati nel cuore delle culture per annunciare te, e riferire a tutti la tua proposta di salvezza.

E anche oggi, Signore, lo slancio di tanti missionari che hanno scelto di condividere tutto con i poveri della terra, nelle capanne del Sidamo o nelle *favelas* dell'Amazzonia, nelle *bidonvilles* di Hong Kong o nelle baraccopoli di Nairobi, non si ispira forse alla tua stessa carità, fatta di attenzione e di tenerezza, di compassione e di accoglienza, di disponibilità e di interessamento ai problemi della gente? E gli sforzi della teologia africana e le stesse sofferenze della teologia della liberazione, pur con le loro inevitabili contraddizioni, non rappresentano forse lo spasimo di questo trasmigrare dei dati di fede da un alveo culturale a nuovi grembi materni? E le fatiche delle giovani Chiese di oggi, nate da una incoercibile passione missionaria, non ripetono forse le fatiche della Chiesa di ieri che, chiamata come Abramo a uscir fuori da Ur, ha liberato la Parola dagli spessori culturali dei circoncisi, trasferendola di volta in volta nella cultura greco-romana, e poi in quella barbarica, e poi in quella moderna... e, sperimentando sempre la provvisorietà dei suoi domicili, dentro la storia della Città di Dio?

Ecco perché, Signore, mentre più drammatiche si fanno le sfide del nostro tempo, ti imploriamo di non farci venir meno la speranza e di continuare a effondere su di noi lo Spirito Santo, vero protagonista della missione ecclesiale.

Abbiamo capito male il Vangelo

E ora, vogliamo chiedere perdono se, come Chiesa, qualche volta abbiamo disatteso il tuo stile: soprattutto, quando non abbiamo testimoniato la reciprocità. Abbiamo giudicato i «barbari» costituzionalmente incapaci di poterci offrire qualcosa che noi non avessimo già. Abbiamo rifiutato il baratto con le culture altre. Abbiamo trascurato la trattativa col diverso. Ci è sfuggito di mente quel vocabolo, di sapore volutamente mercantile, con cui un'antifona della liturgia ha l'audacia di designare il mistero dell'Incarnazione: *commercium*: scambio, *admirabile*, per giunta. Abbiamo voluto, insomma, dare soltanto. Senza ricevere nulla, per non contaminare la nostra aristocrazia puritana.

Ci siamo dimenticati che il dono unilaterale è la forma più sottile di potere. Ci siamo illusi che per essere missionari fosse sufficiente esportare battesimi e teologia e civiltà. E, mentre i conquistatori, le cui spade non abbiamo avuto sufficiente coraggio di maledire, importavano oro e ricchezze, noi come Chiesa non abbiamo saputo importare neppure un frustolo d'anima dopo averne data tanta della nostra. Del resto, come si potevano importare nella vecchia Europa brandelli d'anima d'oltre oceano, dal momento che c'è voluta una bolla solenne del papa Paolo III del 1537 per dirimere la questione se gli indigeni americani fossero veri esseri umani? Ci

ANCHE GLI INDIANI HANNO UN'ANIMA

«Il nemico del genere umano, che si oppone sempre alle buone opere per mandare gli uomini alla rovina, escogitò un mezzo mai sentito prima d'ora, col quale impedire la predicazione della Parola di Dio per la salvezza delle genti: egli ispirò i suoi seguaci i quali, per compiacerlo, non esitarono a dichiarare che gli Indiani dell'Ovest e del Sud, e gli altri popoli di cui siamo recentemente venuti a conoscenza, devono essere trattati come muti animali creati per servirci, col pretesto che essi sono incapaci di ricevere la fede cattolica... Noi, tuttavia, che, sebbene indegni, esercitiamo sulla terra il potere di nostro Signore, riteniamo che gli Indiani sono veri uomini, e che sono capaci *non solo di ricevere la fede cattolica, ma, da quel che ci risulta, desiderano ardentemente riceverla...*».

sfiora un brivido di stupore quando leggiamo alcuni passaggi di quel documento, *Sublimis Deus*, che pure, Signore, testimonia il coraggio del tuo Vicario di allora.

Cose d'altri tempi, è vero, ma che la dicono lunga sulla nostra incapacità di scoprire, anche ai nostri giorni, quell'incredibile repertorio di risorse spirituali di cui sono titolari i Senegalesi che ci passano accanto, o i Tunisini che contemplano con amarezza le stuoie invendute adagiate per terra.

Ecatombe delle culture e silenzio delle Chiese

Ma c'è un crimine, che ci dissocia da quel modulo di rispetto con cui tu, Signore, ti sei accostato alla natura umana: è l'ecatombe delle culture che è stata perpetrata spesso col complice silenzio delle nostre Chiese. È vero: protagoniste di questo delitto sono state le potenze terrene, che hanno saccheggiato e svenato interi continenti, portando al martirio collettivo milioni di negri nell'Africa, distruggendo le grandi civiltà amerinde, violentando le grandi tradizioni religiose degli Incas o degli Aztechi o dei Maya, e inaugurando strategie esecrabili di imperialismo economico, politico, culturale e religioso...

Ma questo non ci dispensa dal recitare il *mea culpa*, anche come Chiesa, perché avremmo dovuto levare più forte la denuncia e rompere ogni connivenza con la barbarie degli sfruttatori. Perdonaci, Signore, le complicità passate.

Quest'anno, tu lo sai, il mondo celebra i cinquecento anni della scoperta dell'America. Aiutaci a contestare i rituali fastosi del trionfalismo giubilare che si sta preparando. Dacci la forza di intersecare con i versetti del *Miserére* le volute del *Magnificat*. Facci prender coscienza che quella non fu una scoperta, ma un'allucinante conquista, scandita da rapine, da rappresaglie, da torture e da saccheggi. E non vale, a consolarci, il pensiero che i missionari hanno controbilanciato con la loro dedizione i genocidi e le oppressioni operate dagli invasori.

Ebbene, per tutte le controtestimonianze delle civiltà cristiane che hanno disonorato il tuo nome nel corso dei secoli, dovremmo compiere gesti penitenziali, che abbiano ad un tempo la forza espiatrice delle grandi quaresime storiche e lo spessore comunitario delle antiche discipline *in cinere et cilicio*.

E proprio perché la memoria delle iniquità del passato ci preservi da analoghe violenze nel futuro, vogliamo leggere qui, davanti a te, Signore degli *empobrecidos*, come all'interno delle salmodie liturgiche, una pagina del missionario domenicano il beato Bartolomé de Las Casas, il più grande pentito della storia. È una pagina di martirologio dell'èra moderna, che, nel 1544, racconta le stragi del Mar delle Antille di fronte alla quale impallidiscono perfino i genocidi nazisti.

«*Tu autem, Domine, miserére nobis*»

Al termine delle letture del breviario, anticamente, si diceva questa invocazione che significa: «Ma, tu, Signore, abbi pietà di noi». Te lo ripetiamo per le metodiche distruzioni di uomini e culture perpetrate dai cristiani di ieri. Te lo ripetiamo per le metodiche distruzioni di uomini e culture perpetrate dai cristiani di oggi. Per le moltitudini dei soldati irakeni in fuga disordinata sotto il fuoco dei bombardieri del generale Schwarzkopf, e per il muro di sabbia entro cui sono stati seppelliti senza nome. Per i settantamila morti dalla fine della guerra a causa dell'embargo occidentale, e per i trecentocinquantamila bambini che rischiano di morire per mancanza di cibo e di medicinali, se non cesserà lo scandalo del complice silenzio dei cristiani. Per il grido di dolore dei Curdi e degli Albanesi, degli ultimi e degli sconfitti, dei dannati della terra e dei crocifissi, che gemono nei sotterranei della storia, e nei cui confronti, invece che provocare una rivolta planetaria delle coscienze, continuiamo a esprimere imperdonabili lentezze.

Per questa *défaillance* della nostra fede nell'impatto con le culture, «*Tu autem, Domine, miserére nobis*».

MARTIROLOGIO PER LA SCOPERTA DELL' AMERICA

«...Più di dodici milioni di anime, uomini, donne e bambini, son morti nel corso di questi quarant'anni per la tirannia e le opere infernali dei cristiani. La valutazione è certissima e veridica: ma, in realtà, io credo, e non penso di ingannarmi, che ne sian periti più di quindici milioni.

Due sono state, generalmente discorrendo, le principali maniere con cui quelli che si son recati laggiù, e che si chiamano cristiani, hanno estirpato e spazzato dalla faccia della terra tante infelici nazioni. In primo luogo vi sono state guerre ingiuste, crudeli, sanguinose e tiranniche. Hanno ammazzato quanti potevano bramare la libertà, sospirarla o anche solo pensarvi, oppure concepire il disegno di sottrarsi ai tormenti che pativano. Poi hanno continuato a uccidere opprimendo i superstiti, con la più dura e acerba servitù cui uomini o bestie siano mai stati costretti.

Non da altro mossi, i cristiani hanno ammazzato e distrutto tanti e tali anime, in numero incalcolabile; non da altro guidati che dalla sfrenata brama dell'oro, dal desiderio di empirsi di ricchezza... Sospinti da una cupidigia e da un'ambizione tali da non trovar confronto sulla faccia della terra, ritrovandosi in contrade così prospere e ricche, abitate da genti tanto umili, tanto pazienti e facili da soggiogare, essi non hanno avuto alcun rispetto, considerazione, o stima veruna per gli Indiani.

Quanto sto per dire corrisponde a verità, ché ne sono stato testimone e l'ho visto per tutti quegli anni: li han considerati non dico alla stregua delle bestie (piacesse a Dio che così li avessero trattati e rispettati), ma dello sterco che si trova in mezzo alle strade e ancora peggio. Ed è ancora verità notoria e accertata, riconosciuta e ammessa da tutti, perfino dai tiranni e assassini, che mai, in tutta la vastità delle Indie, gli Indiani hanno arrecato il minimo danno ai cristiani. Li ritenevano, anzi, discesi dal cielo, finché non han cominciato e poi continuato a subire, un giorno dopo l'altro, ogni sorta di ribalderie, di rapine, di assassini, di vessazioni e di violenze».

(Fra Bartolomé de Las Casas, 1544)

Prospettive di speranza per il terzo millennio

Ma è giunto il momento, Signore, di levare a te la nostra corale implorazione perché, in quest'ora magnifica e drammatica della storia, tu ci prenda per mano, e ci conduca a leggere con occhi di speranza lo scenario su cui si affollano le nuove culture, protagoniste di questo terzo millennio che irrompe. Esse hanno il diritto di essere evangelizzate, e, nonostante l'apparente indifferenza, ci interpellano con la stessa supplica con cui a Troade, una notte, il Macedone invocava Paolo in sogno: «*Passa in Macedonia e aiutaci*» (At 16,9).

Ma dobbiamo confessarlo: siamo un po' sgomenti. Prima di tutto perché, essendo la cultura come uno spessore di scaglie di sicurezza entro cui ognuno di noi trova il suo sistema di protezione, dal momento che è crollato il perimetro compatto della monocultura in cui siamo stati al caldo per molto tempo, ci sentiamo ora risucchiati nel vortice della relatività, e una specie di *horror vacui* ci mette i brividi addosso. Abbiamo, sì, capito finalmente che quella occidentale è una delle tante forme culturali di cui è ricca l'umanità, ma intanto ci sentiamo indifesi in questa profonda crisi della transizione e in questo crepuscolo delle certezze.

In secondo luogo, siamo sgomenti perché, rimanendo perplessi se di fronte a certi sistemi sia giusto parlare di cultura o piuttosto di ideologia, o di effimera moda di pensiero, qualche volta ci vien da dubitare che i diversi tipi di terra su cui spargere il seme della tua Parola siano tutti disponibili ad accoglierlo e a farlo germogliare nei rigogli della fede.

Il sacramento dell'inquietudine

La cultura tecnologica e cibernetica può avere da spartire qualcosa con te, Signore? La cultura radicale che sembra in fase di rimonta può riservare altari al tuo nome? E le culture postmoderne, postindustriali, postmarxiste... contemplano nel loro areopago tribune per farti parlare di risurrezione? E la cultura dell'economia e del mercato potrà mai riservare nei suoi giochi di borsa un angolo per la dramma perduta?

E sul terreno del consumismo e dell'efficienza si troverà una buca per piantarvi il tuo *mysterium crucis*? E nella cultura di guerra, che ogni tanto celebra inquietanti *revivals*, potrà mai trovare riverberi il perentorio comando: «*Tu non uccidere*»? E alla cultura del razzismo e del nazionalismo e del blocco rassicurante delle Leghe, la cui logica ultima criminalizza il diverso espungendolo dal suo tessuto, come rendere proponibile l'evangelico richiamo all'esistenza conviviale? E nella cultura della violenza e della droga e del sesso, dove *eros* e *thanatos*, invece che essere rivali, giocano la stessa tragica partita del disfacimento e del nichilismo, c'è qualche zona franca dove consegnare la nostalgia del tuo volto?

E la cultura massmediale di cui si ovattano i nostri giovani, che a quest'ora stanno passeggiando sul viale Pio XI, riserva zolle segrete per la fecondazione del tuo Verbo? E alla cultura della musica e dell'arte, è possibile far intendere che lo struggente, insoddisfatto bisogno di comunione, inscritto nei ritornelli delle canzoni o nei cromatismi di una tela, è il sacramento dell'inquietudine che può placarsi solo in te, Signore? E nella cultura degli islamici che ci passano vicino, o dei viandanti indù, approdati da sponde lontane, sarà mai possibile trovare feritoie per il passaggio della tua verità? Tu lo sai, Signore.

Perciò ti imploriamo stasera: Discendi, ancora una volta, agli inferi. No, non alludiamo a marce trionfali che ti facciano strappare al diavolo, in un quadro di potenza, le anime dei morti. Ma vogliamo riferirci a quella tua capacità di prendere su di te le disperazioni del mondo, di sedurle con le nostalgie del sabato santo, e di farle aprire alla tavola imbandita della tua Pasqua.

Tu, semente che si disfa, entra nelle zolle delle umane culture. E noi, non più sgomenti, come dice un poeta,

«staremo ad ascoltare la crescita del grano».

INDICE

Stampa: 1996
Società San Paolo, Alba (Cuneo)
Printed in Italy